# Salmos & Proverbios

## PRECIOSOS

# Salmos & Proverbios

## PRECIOSOS

*inspiración para la vida*

**CASA PROMESA**

Una división de Barbour Publishing, Inc.

© 2015 por Casa Promesa

ISBN: 978-1-63058-760-4

Ediciones eBook:
Edición Adobe Digital (.epub) 978-1-63409-286-9
Edición Kindle y MobiPocket (.prc) 978-1-63409-287-6

Título en inglés: *Treasured Psalms and Proverbs*
© 2011 por Barbour Publishing, Inc.

Desarrollo editorial: *Semantics, Inc.* P.O. Box 290186, Nashville, TN 37229. semantics01@comcast.net

Publicado por Casa Promesa, P. O. Box 719, Uhrichsville, Ohio 44683, www.casapromesa.com.

*Nuestra misión es publicar y distribuir productos inspiradores que ofrecen valor excepcional y estímulo bíblico a las masas.*

ecpa Member of the
Evangelical Christian
Publishers Association

Impreso en Estados Unidos de América.

# Contenido

# Bienvenido a

# Salmos y Proverbios

Cuando necesitas aliento, iluminación y edificación, acude a este pequeño volumen que contiene lo mejor de lo mejor de los libros de sabiduría de las Escrituras.

Este recurso práctico presenta algunas de las porciones más inspiradoras y de ayuda de los Salmos y Proverbios, en el precioso y amado lenguage de la versión Reina Valera. Y cada pasaje es acompañado por una breve nota explanatoria que ayuda a poner su mensaje en un contexto más claro.

Por casi tres milenios, el pueblo de Dios ha encontrado consuelo y esperanza en los Salmos y Proverbios —y tú puedes también. Cada pasaje que sigue te brindará aliento espiritual, en cualquier circunstancia de tu día.

# Salmo 1

*A lo largo de las Escrituras, Dios llama a su pueblo
a establecer la línea de sus principios por encima
de los valores del mundo en general. A las personas
que se comprometen con Dios y son obedientes a
sus claras instrucciones se les promete recompensas;
quienes lo rechazan solo pueden esperar juicio.*

¹BIENAVENTURADO el varón que no anduvo en consejo de malos, Ni estuvo en camino de pecadores, Ni en silla de escarnecedores se ha sentado;

²Antes en la ley de Jehová está su delicia, Y en su ley medita de día y de noche.

³Y será como el árbol plantado junto á arroyos de aguas, Que da su fruto en su tiempo, Y su hoja no cae; Y todo lo que hace, prosperará.

⁴No así los malos: Sino como el tamo que arrebata el viento.

⁵Por tanto no se levantarán los malos en el juicio, Ni los pecadores en la congregación de los justos.

⁶Porque Jehová conoce el camino de los justos; Mas la senda de los malos perecerá.

# Salmo 3

*Este es el primero de setenta y tres salmos donde se indica*
*"de David". Su confianza en Dios se manifiesta en su*
*capacidad de dormir por las noches (vv. 4-6).*
*El insomnio es uno de los efectos secundarios de*
*la preocupación. Pero en lugar de inquietarse*
*y perder el sueño, David habla con Dios, y*
*esto hace que halle sosiego y descanso.*

¹ ¡OH Jehová, cuánto se han multiplicado mis
enemigos! Muchos se levantan contra mí.
² Muchos dicen de mi vida: No hay para él salud en
Dios. (Selah.)
³ Mas tú, Jehová, eres escudo alrededor de mí: Mi
gloria, y el que ensalza mi cabeza.
⁴ Con mi voz clamé á Jehová, Y él me respondió desde
el monte de su santidad. (Selah.)
⁵ Yo me acosté, y dormí, Y desperté; porque Jehová
me sostuvo.
⁶ No temeré de diez millares de pueblos, Que pusieren
cerco contra mí.
⁷ Levántate, Jehová; sálvame, Dios mío: Porque tú
heriste á todos mis enemigos en la quijada; Los
dientes de los malos quebrantaste.
⁸ De Jehová es la salud: Sobre tu pueblo será tu
bendición. (Selah.)

# Salmo 7

*A pesar de la amenaza tan real que David está
sintiendo de sus enemigos, concluye este salmo como lo
suelen hacer tan a menudo los salmistas, con alabanzas
a Dios y con el conocimiento por adelantado de que
Dios está dispuesto a actuar a favor de su pueblo fiel.*

¹ JEHOVA Dios mío, en ti he confiado: Sálvame de
todos los que me persiguen, y líbrame;
² No sea que arrebate mi alma, cual león Que
despedaza, sin que haya quien libre.
³ Jehová Dios mío, si yo he hecho esto, Si hay en mis
manos iniquidad;
⁴ Si dí mal pago al pacífico conmigo, (Hasta he
libertado al que sin causa era mi enemigo;)
⁵ Persiga el enemigo mi alma, y alcánce la; Y pise en
tierra mi vida, Y mi honra ponga en el polvo. (Selah.)
⁶ Levántate; oh Jehová, con tu furor; Alzate á causa de
las iras de mis angustiadores, Y despierta en favor mío
el juicio que mandaste.
⁷ Y te rodeará concurso de pueblo; Por cuyo amor
vuélvete luego á levantar en alto.
⁸ Jehová juzgará los pueblos: Júzgame, oh Jehová,
conforme á mi justicia y conforme á mi integridad.
⁹ Consúmase ahora la malicia de los inicuos, y
establece al justo; Pues el Dios justo prueba los
corazones y los riñones.
¹⁰ Mi escudo está en Dios, Que salva á los rectos de
corazón.
¹¹ Dios es el que juzga al justo: Y Dios está airado
todos los días contra el impío.

¹² Si no se convirtiere, él afilará su espada: Armado tiene ya su arco, y lo ha preparado.

¹³ Asimismo ha aparejado para él armas de muerte; Ha labrado sus saetas para los que persiguen.

¹⁴ He aquí ha tenido parto de iniquidad: Concibió trabajo, y parió mentira.

¹⁵ Pozo ha cavado, y ahondádolo; Y en la fosa que hizo caerá.

¹⁶ Su trabajo se tornará sobre su cabeza, Y su agravio descenderá sobre su mollera.

¹⁷ Alabaré yo á Jehová conforme á su justicia, Y cantaré al nombre de Jehová el Altísimo.

# Salmo 8

*¿Quién no ha observado fijamente los cielos
en una noche clara y se ha preguntado sobre la
naturaleza de Dios, el origen de la humanidad
y se ha hecho otras interrogantes de peso?
Este salmo refleja las divagaciones de David sobre
tales cosas. Empieza reconociendo que la tierra es de
Dios. Cuando no se considera la presencia divina,
las personas salen con respuestas distorsionadas
a la pregunta: «¿Qué es el hombre?».*

¹OH Jehová, Señor nuestro, ¡Cuán grande es tu nombre en toda la tierra, Que has puesto tu gloria sobre los cielos!

²De la boca de los chiquitos y de los que maman, fundaste la fortaleza, A causa de tus enemigos, Para hacer cesar al enemigo, y al que se venga.

³Cuando veo tus cielos, obra de tus dedos, La luna y las estrellas que tú formaste:

⁴Digo: ¿Qué es el hombre, para que tengas de él memoria, Y el hijo del hombre, que lo visites?

⁵Pues le has hecho poco menor que los ángeles, Y coronástelo de gloria y de lustre.

⁶Hicístelo enseñorear de las obras de tus manos; Todo lo pusiste debajo de sus pies:

⁷Ovejas, y bueyes, todo ello; Y asimismo las bestias del campo,

⁸Las aves de los cielos, y los peces de la mar; Todo cuanto pasa por los senderos de la mar.

⁹Oh Jehová, Señor nuestro, ¡Cuán grande es tu nombre en toda la tierra!

# Salmo 9

*Como varios de los salmos precedentes de David, el
salmo 9 también trata de sus luchas para soportar la
persecución de sus enemigos. Sin embargo, en este caso,
David está ansioso por cantar y regocijarse, porque Dios
se ha ocupado de los enemigos de David.
No solo han sido derrotados, sino también reprendidos,
destruidos y eliminados.
Su ruina no tiene fin, y pronto no
quedará ni recuerdo de ellos.*

¹ TE alabaré, oh Jehová, con todo mi corazón;
Contaré todas tus maravillas.

² Alegraréme y regocijaréme en ti: Cantaré á tu
nombre, oh Altísimo;

³ Por haber sido mis enemigos vueltos atrás: Caerán y
perecerán delante de ti.

⁴ Porque has hecho mi juicio y mi causa: Sentástete en
silla juzgando justicia.

⁵ Reprendiste gentes, destruiste al malo, Raíste el
nombre de ellos para siempre jamás.

⁶ Oh enemigo, acabados son para siempre los
asolamientos; Y las ciudades que derribaste, Su
memoria pereció con ellas.

⁷ Mas Jehová permanecerá para siempre: Dispuesto
ha su trono para juicio.

⁸ Y él juzgará el mundo con justicia; Y juzgará los
pueblos con rectitud.

⁹ Y será Jehová refugio al pobre, Refugio para el
tiempo de angustia.

¹⁰ Y en ti confiarán los que conocen tu nombre; Por cuanto tú, oh Jehová, no desamparaste á los que te buscaron.

¹¹ Cantad á Jehová, que habita en Sión: Noticiad en los pueblos sus obras.

¹² Porque demandando la sangre se acordó de ellos: No se olvidó del clamor de los pobres.

¹³ Ten misericordia de mí, Jehová: Mira mi aflicción que padezco de los que me aborrecen, Tú que me levantas de las puertas de la muerte;

¹⁴ Porque cuente yo todas tus alabanzas En las puertas de la hija de Sión, Y me goce en tu salud.

¹⁵ Hundiéronse las gentes en la fosa que hicieron; En la red que escondieron fué tomado su pie.

¹⁶ Jehová fué conocido en el juicio que hizo; En la obra de sus manos fué enlazado el malo. (Higaion. Selah.)

¹⁷ Los malos serán trasladados al infierno, Todas las gentes que se olvidan de Dios.

¹⁸ Porque no para siempre será olvidado el pobre; Ni la esperanza de los pobres perecerá perpetuamente.

¹⁹ Levántate, oh Jehová; no se fortalezca el hombre; Sean juzgadas las gentes delante de ti.

²⁰ Pon, oh Jehová, temor en ellos: Conozcan las gentes que son no más que hombres. (Selah.)

# Salmo 11

*La frase con que se inicia el salmo 11 es el tema de David: «En Jehová he confiado». Incluso cuando los sucesos parecían más caóticos y turbulentos de lo normal, la condición espiritual de la persona es tan confiable como siempre. Dios sigue en su trono. Nada ha cambiado. Él ve lo que sucede y juzgará todo lo que ve, y no será agradable para quienes lo hayan desafiado.*

¹ EN Jehová he confiado; ¿Cómo decís á mi alma: Escapa al monte cual ave?

² Porque he aquí, los malos flecharon el arco, Apercibieron sus saetas sobre la cuerda, Para asaetear en oculto á los rectos de corazón.

³ Si fueren destruídos los fundamentos, ¿Qué ha de hacer el justo?

⁴ Jehová en el templo de su santidad: La silla de Jehová está en el cielo: Sus ojos ven, sus párpados examinan á los hijos de los hombres.

⁵ Jehová prueba al justo; Empero al malo y al que ama la violencia, su alma aborrece.

⁶ Sobre los malos lloverá lazos; Fuego y azufre, con vientos de torbellinos, será la porción del cáliz de ellos.

⁷ Porque el justo Jehová ama la justicia: Al recto mirará su rostro.

*Con tantos salmos anteriores que expresan la confusión, la desesperación y la afrenta porque los impíos parecen proliferar, mientras que los que creen en Dios luchan por salir adelante, el salmo 15 es un recordatorio sencillo, aunque poderoso, de lo que es importante.*

¹ JEHOVA, ¿quién habitará en tu tabernáculo? ¿Quién residirá en el monte de tu santidad?
² El que anda en integridad, y obra justicia, Y habla verdad en su corazón.
³ El que no detrae con su lengua, Ni hace mal á su prójimo, Ni contra su prójimo acoge oprobio alguno.
⁴ Aquel á cuyos ojos es menospreciado el vil; Mas honra á los que temen á Jehová: Y habiendo jurado en daño suyo, no por eso muda.
⁵ Quien su dinero no dió á usura, Ni contra el inocente tomó cohecho. El que hace estas cosas, no resbalará para siempre.

# SALMO 18

*Este es otro salmo sobre la alabanza de David hacia Dios, en agradecimiento por su ayuda ocupándose de sus agresivos enemigos. David no se considera un caso especial para recibir la ayuda y la protección divinas. En los versículos 15–27 afirma que cualquiera que sea fiel testificará de la fidelidad de la que Dios hace gala a cambio, y cualquiera que sea irreprensible, puro y humilde sale beneficiado del justo carácter del Señor.*

¹ AMARTE he, oh Jehová, fortaleza mía.

² Jehová, roca mía y castillo mío, y mi libertador; Dios mío, fuerte mío, en él confiaré; Escudo mío, y el cuerno de mi salud, mi refugio.

³ Invocaré á Jehová, digno de ser alabado, Y seré salvo de mis enemigos.

⁴ Cercáronme dolores de muerte, Y torrentes de perversidad me atemorizaron.

⁵ Dolores del sepulcro me rodearon, Previniéronme lazos de muerte.

⁶ En mi angustia invoqué á Jehová, Y clamé á mi Dios: El oyó mi voz desde su templo, Y mi clamor llegó delante de él, á sus oídos.

⁷ Y la tierra fué conmovida y tembló; Y moviéronse los fundamentos de los montes, Y se estremecieron, porque se indignó él.

⁸ Humo subió de su nariz, Y de su boca consumidor fuego; Carbones fueron por él encendidos.

⁹ Y bajó los cielos, y descendió; Y oscuridad debajo de sus pies.

¹⁰ Y cabalgó sobre un querubín, y voló: Voló sobre las alas del viento.

¹¹ Puso tinieblas por escondedero suyo, su pabellón en derredor de sí; Oscuridad de aguas, nubes de los cielos.

¹² Por el resplandor delante de él, sus nubes pasaron; Granizo y carbones ardientes.

¹³ Y tronó en los cielos Jehová, Y el Altísimo dió su voz; Granizo y carbones de fuego.

¹⁴ Y envió sus saetas, y desbaratólos; Y echó relámpagos, y los destruyó.

¹⁵ Y aparecieron las honduras de las aguas, Y descubriéronse los cimientos del mundo, A tu reprensión, oh Jehová, Por el soplo del viento de tu nariz.

¹⁶ Envió desde lo alto; tomóme, Sácome de las muchas aguas.

¹⁷ Libróme de mi poderoso enemigo, Y de los que me aborrecían, aunque eran ellos más fuertes que yo.

¹⁸ Asaltáronme en el día de mi quebranto: Mas Jehová fué mi apoyo.

¹⁹ Y sacóme á anchura: Libróme, porque se agradó de mí.

²⁰ Hame pagado Jehová conforme á mi justicia: Conforme á la limpieza de mis manos me ha vuelto.

²¹ Porque yo he guardado los caminos de Jehová, Y no me aparté impíamente de mi Dios.

²² Pues todos sus juicios estuvieron delante de mí, Y no eché de mí sus estatutos.

²³ Y fuí íntegro para con él, y cauteléme de mi maldad.

²⁴ Pagóme pues Jehová conforme á mi justicia; Conforme á la limpieza de mis manos delante de sus ojos.

²⁵ Con el misericordioso te mostrarás misericordioso, Y recto para con el hombre íntegro.

²⁶ Limpio te mostrarás para con el limpio, Y severo serás para con el perverso.

²⁷ Y tú salvarás al pueblo humilde, Y humillarás los ojos altivos.

²⁸ Tú pues alumbrarás mi lámpara: Jehová mi Dios alumbrará mis tinieblas.

²⁹ Porque contigo desharé ejércitos; Y con mi Dios asaltaré muros.

³⁰ Dios, perfecto su camino: Es acendrada la palabra de Jehová: Escudo es á todos los que en él esperan.

³¹ Porque ¿qué Dios hay fuera de Jehová? ¿Y qué fuerte fuera de nuestro Dios?

³² Dios es el que me ciñe de fuerza, E hizo perfecto mi camino;

³³ Quien pone mis pies como pies de ciervas, E hízome estar sobre mis alturas;

³⁴ Quien enseña mis manos para la batalla, Y será quebrado con mis brazos el arco de acero.

³⁵ Dísteme asimismo el escudo de tu salud: Y tu diestra me sustentó, Y tu benignidad me ha acrecentado.

³⁶ Ensanchaste mis pasos debajo de mí, Y no titubearon mis rodillas.

³⁷ Perseguido he mis enemigos, y alcancélos, Y no volví hasta acabarlos.

³⁸ Helos herido, y no podrán levantarse: Cayeron debajo de mis pies.

³⁹ Pues me ceñiste de fortaleza para la pelea; Has agobiado mis enemigos debajo de mí.

⁴⁰Y dísteme la cerviz de mis enemigos, Y destruí á los que me aborrecían.

⁴¹Clamaron, y no hubo quien salvase: Aun á Jehová, mas no los oyó.

⁴²Y molílos como polvo delante del viento; Esparcílos como lodo de las calles.

⁴³Librásteme de contiendas de pueblo: Pusísteme por cabecera de gentes: Pueblo que yo no conocía, me sirvió.

⁴⁴Así que hubo oído, me obedeció; Los hijos de extraños me mintieron;

⁴⁵Los extraños flaquearon, Y tuvieron miedo desde sus encerramientos.

⁴⁶Viva Jehová, y sea bendita mi roca; Y ensalzado sea el Dios de mi salud:

⁴⁷El Dios que me da las venganzas, Y sujetó pueblos á mí.

⁴⁸Mi libertador de mis enemigos: Hicísteme también superior de mis adversarios; Librásteme de varón violento.

⁴⁹Por tanto yo te confesaré entre las gentes, oh Jehová, Y cantaré á tu nombre.

⁵⁰El cual engrandece las saludes de su rey, Y hace misericordia á su ungido, A David y á su simiente, para siempre.

*Dios se revela a la humanidad de numerosas formas. En el salmo 19, David empieza prestando atención al mundo natural que refleja la Gloria de Dios, y, a continuación, pasa a la Palabra de Dios revelada, fuente de muchas y diversas bendiciones potenciales.*

¹ LOS cielos cuentan la gloria de Dios, Y la expansión denuncia la obra de sus manos.

² El un día emite palabra al otro día, Y la una noche á la otra noche declara sabiduría.

³ No hay dicho, ni palabras, Ni es oída su voz.

⁴ Por toda la tierra salió su hilo, Y al cabo del mundo sus palabras. En ellos puso tabernáculo para el sol.

⁵ Y él, como un novio que sale de su tálamo, Alégrase cual gigante para correr el camino.

⁶ Del un cabo de los cielos es su salida, Y su giro hasta la extremidad de ellos: Y no hay quien se esconda de su calor.

⁷ La ley de Jehová es perfecta, que vuelve el alma: El testimonio de Jehová, fiel, que hace sabio al pequeño.

⁸ Los mandamientos de Jehová son rectos, que alegran el corazón: El precepto de Jehová, puro, que alumbra los ojos.

⁹ El temor de Jehová, limpio, que permanece para siempre; Los juicios de Jehová son verdad, todos justos.

¹⁰ Deseables son más que el oro, y más que mucho oro afinado; Y dulces más que miel, y que la que destila del panal.

¹¹ Tu siervo es además amonestado con ellos: En guardarlos hay grande galardón.

¹² Los errores, ¿quién los entenderá? Líbrame de los que me son ocultos.

¹³ Detén asimismo á tu siervo de las soberbias; Que no se enseñoreen de mí: Entonces seré íntegro, y estaré limpio de gran rebelión.

¹⁴ Sean gratos los dichos de mi boca y la meditación de mi corazón delante de ti, Oh Jehová, roca mía, y redentor mío.

# Salmo 20

*En los primeros versículos del salmo 20, puede parecer que es el salmista quien ofrece bendiciones sobre sus lectores, pero en el versículo 5 queda de manifiesto que la voz es plural y que el mensaje se está dirigiendo a un sujeto singular. En realidad, está escrito para un grupo congregado, invitándolo a unirse al rey en oración antes de una batalla.*

¹ OIGATE Jehová en el día de conflicto; Defiéndate el nombre del Dios de Jacob.

² Envíete ayuda desde el santuario, Y desde Sión te sostenga.

³ Haga memoria de todos tus presentes, Y reduzca á ceniza tu holocausto. (Selah.)

⁴ Déte conforme á tu corazón, Y cumpla todo tu consejo.

⁵ Nosotros nos alegraremos por tu salud, Y alzaremos pendón en el nombre de nuestro Dios: Cumpla Jehová todas tus peticiones.

⁶ Ahora echo de ver que Jehová guarda á su ungido: Oirálo desde los cielos de su santidad, Con la fuerza de la salvación de su diestra.

⁷ Estos confían en carros, y aquéllos en caballos: Mas nosotros del nombre de Jehová nuestro Dios tendremos memoria.

⁸ Ellos arrodillaron, y cayeron; Mas nosotros nos levantamos, y nos enhestamos.

⁹ Salva, Jehová: Que el Rey nos oiga el día que lo invocáremos.

# Salmo 22

*El salmo 22 comienza con algo que nos resulta
familiar, porque Jesús citó estos primeros
versículos cuando estaba en la cruz.
Cómo se aclarará enseguida, las parabras
de David en este salmo describen de forma
sorprendente la crucifixión de Jesús.
De todos los salmos este es el que más se
cita en el Nuevo Testamento.*

¹ DIOS mío, Dios mío, ¿por qué me has dejado? ¿Por qué estás lejos de mi salud, y de las palabras de mi clamor?

² Dios mío, clamo de día, y no oyes; Y de noche, y no hay para mí silencio.

³ Tú empero eres santo, Tú que habitas entre las alabanzas de Israel.

⁴ En ti esperaron nuestros padres: Esperaron, y tú los libraste.

⁵ Clamaron á ti, y fueron librados: Esperaron en ti, y no se avergonzaron.

⁶ Mas yo soy gusano, y no hombre; Oprobio de los hombres, y desecho del pueblo.

⁷ Todos los que me ven, escarnecen de mí; Estiran los labios, menean la cabeza, diciendo:

⁸ Remítese á Jehová, líbrelo; Sálvele, puesto que en él se complacía.

⁹ Empero tú eres el que me sacó del vientre, El que me haces esperar desde que estaba á los pechos de mi madre.

¹⁰ Sobre ti fuí echado desde la matriz: Desde el vientre de mi madre, tú eres mi Dios.

¹¹ No te alejes de mí, porque la angustia está cerca; Porque no hay quien ayude.

¹² Hanme rodeado muchos toros; Fuertes toros de Basán me han cercado.

¹³ Abrieron sobre mí su boca, Como león rapante y rugiente.

¹⁴ Heme escurrido como aguas, Y todos mis huesos se descoyuntaron: Mi corazón fué como cera, Desliéndose en medio de mis entrañas.

¹⁵ Secóse como un tiesto mi vigor, Y mi lengua se pegó á mi paladar; Y me has puesto en el polvo de la muerte.

¹⁶ Porque perros me han rodeado, Hame cercado cuadrilla de malignos: Horadaron mis manos y mis pies.

¹⁷ Contar puedo todos mis huesos; Ellos miran, considéranme.

¹⁸ Partieron entre sí mis vestidos, Y sobre mi ropa echaron suertes.

¹⁹ Mas tú, Jehová, no te alejes; Fortaleza mía, apresúrate para mi ayuda.

²⁰ Libra de la espada mi alma; Del poder del perro mi única.

²¹ Sálvame de la boca del león, Y óyeme librándome de los cuernos de los unicornios.

²² Anunciaré tu nombre á mis hermanos: En medio de la congregación te alabaré.

²³ Los que teméis á Jehová, alabadle; Glorificadle, simiente toda de Jacob; Y temed de él, vosotros, simiente toda de Israel.

²⁴ Porque no menospreció ni abominó la aflicción del pobre, Ni de él escondió su rostro; Sino que cuando clamó á él, oyóle.

²⁵ De ti será mi alabanza en la grande congregación; Mis votos pagaré delante de los que le temen.

²⁶ Comerán los pobres, y serán saciados: Alabarán á Jehová los que le buscan: Vivirá vuestro corazón para siempre.

²⁷ Acordarse han, y volveránse á Jehová todos los términos de la tierra; Y se humillarán delante de ti todas las familias de las gentes.

²⁸ Porque de Jehová es el reino; Y él se enseñoreará de las gentes.

²⁹ Comerán y adorarán todos los poderosos de la tierra: Postraránse delante de él todos los que descienden al polvo, Si bien ninguno puede conservar la vida á su propia alma.

³⁰ La posteridad le servirá; Será ella contada por una generación de Jehová.

³¹ Vendrán, y anunciarán al pueblo que naciere, Su justicia que él hizo.

# Salmo 23

*En el que, sin duda, es el más conocido de los salmos,
David usa el simbolismo de un pastor para destacar las
bendiciones y la protección de Dios sobre su pueblo.
Era bastante común que se comparara a los reyes de
aquella época a pastores.
Aunque el rey David tenía experiencia de
primera mano en el papel, en este salmo solo
es una de las ovejas del rebaño de Dios.*

¹JEHOVA es mi pastor; nada me faltará.

²En lugares de delicados pastos me hará yacer: Junto
á aguas de reposo me pastoreará.

³Confortará mi alma; Guiárame por sendas de
justicia por amor de su nombre.

⁴Aunque ande en valle de sombra de muerte, No
temeré mal alguno; porque tú estarás conmigo: Tu
vara y tu cayado me infundirán aliento.

⁵Aderezarás mesa delante de mí, en presencia de mis
angustiadores: Ungiste mi cabeza con aceite: mi copa
está rebosando.

⁶Ciertamente el bien y la misericordia me seguirán
todos los días de mi vida: Y en la casa de Jehová
moraré por largos días.

# Salmo 24

*Cualquier rey que se acerque a una ciudad
recibirá un magnífico recibimiento;
¡cuánto más debería inspirar una respuesta
la cercanía del Rey de gloria!
Hasta se percibe que las entradas y las puertas de la
ciudad responden ante la magnitud del acontecimiento.*

DE Jehová es la tierra y su plenitud; El mundo, y los que en él habitan.

² Porque él la fundó sobre los mares, Y afirmóla sobre los ríos.

³ ¿Quién subirá al monte de Jehová? ¿Y quién estará en el lugar de su santidad?

⁴ El limpio de manos, y puro de corazón: El que no ha elevado su alma á la vanidad, Ni jurado con engaño.

⁵ El recibirá bendición de Jehová, Y justicia del Dios de salud.

⁶ Tal es la generación de los que le buscan, De los que buscan tu rostro, oh Dios de Jacob. (Selah.)

⁷ Alzad, oh puertas, vuestras cabezas, Y alzaos vosotras, puertas eternas, Y entrará el Rey de gloria.

⁸ ¿Quién es este Rey de gloria? Jehová el fuerte y valiente, Jehová el poderoso en batalla.

⁹ Alzad, oh puertas, vuestras cabezas, Y alzaos vosotras, puertas eternas, Y entrará el Rey de gloria.

¹⁰ ¿Quién es este Rey de gloria? Jehová de los ejércitos, El es el Rey de la gloria. (Selah.)

# SALMO 25

*En el salmo 25, como en muchos de los demás, David
expresa el deseo de tener mayor cercanía con Dios.
En el idioma original, el salmo es un poema acróstico.
El primer versículo empieza con la primera
letra del alfabeto hebreo y cada uno de los
versículos que siguen continua con las letras
sucesivas hasta acabar el abecedario.*

¹ A TI, oh Jehová, levantaré mi alma.

² Dios mío, en ti confío; No sea yo avergonzado, No se
alegren de mí mis enemigos.

³ Ciertamente ninguno de cuantos en ti esperan será
confundido: Serán avergonzados los que se rebelan
sin causa.

⁴ Muéstrame, oh Jehová, tus caminos; Enséñame tus
sendas.

⁵ Encamíname en tu verdad, y enséñame; Porque tú
eres el Dios de mi salud: En ti he esperado todo el
día.

⁶ Acuérdate, oh Jehová, de tus conmiseraciones y de
tus misericordias, Que son perpetuas.

⁷ De los pecados de mi mocedad, y de mis rebeliones,
no te acuerdes; Conforme á tu misericordia acuérdate
de mí, Por tu bondad, oh Jehová.

⁸ Bueno y recto es Jehová: Por tanto él enseñará á los
pecadores el camino.

⁹ Encaminará á los humildes por el juicio, Y enseñará
á los mansos su carrera.

¹⁰ Todas las sendas de Jehová son misericordia
y verdad, Para los que guardan su pacto y sus
testimonios.

¹¹ Por amor de tu nombre, oh Jehová, Perdonarás también mi pecado; porque es grande.

¹² ¿Quién es el hombre que teme á Jehová? El le enseñará el camino que ha de escoger.

¹³ Su alma reposará en el bien, Y su simiente heredará la tierra.

¹⁴ El secreto de Jehová es para los que le temen; Y á ellos hará conocer su alianza.

¹⁵ Mis ojos están siempre hacia Jehová; Porque él sacará mis pies de la red.

¹⁶ Mírame, y ten misericordia de mí; Porque estoy solo y afligido.

¹⁷ Las angustias de mi corazón se han aumentado: Sácame de mis congojas.

¹⁸ Mira mi aflicción y mi trabajo: Y perdona todos mis pecados.

¹⁹ Mira mis enemigos, que se han multiplicado, Y con odio violento me aborrecen.

²⁰ Guarda mi alma, y líbrame: No sea yo avergonzado, porque en ti confié.

²¹ Integridad y rectitud me guarden; Porque en ti he esperado.

²² Redime, oh Dios, á Israel De todas sus angustias.

# Salmo 27

*Cuando se enfrenta al temor, David
mantiene sus prioridades en orden.
El versículo 4 revela su prioridad: una relación
de por vida con Dios en el tabernáculo.
Sus ojos no están dirigidos al enemigo que se
acerca, sino a la hermosura del Señor.
Por consiguiente, confía en que cuando llegue el
problema, Dios lo protegerá y lo sostendrá.*

¹JEHOVA es mi luz y mi salvación: ¿de quién temeré? Jehová es la fortaleza de mi vida: ¿de quién he de atemorizarme?

²Cuando se allegaron contra mí los malignos, mis angustiadores y mis enemigos, Para comer mis carnes, ellos tropezaron y cayeron.

³Aunque se asiente campo contra mí, No temerá mi corazón: Aunque contra mí se levante guerra, Yo en esto confío.

⁴Una cosa he demandado á Jehová, ésta buscaré: Que esté yo en la casa de Jehová todos los días de mi vida, Para contemplar la hermosura de Jehová, y para inquirir en su templo.

⁵Porque él me esconderá en su tabernáculo en el día del mal; Ocultaráme en lo reservado de su pabellón; Pondráme en alto sobre una roca.

⁶Y luego ensalzará mi cabeza sobre mis enemigos en derredor de mí: Y yo sacrificaré en su tabernáculo sacrificios de júbilo: Cantaré y salmearé á Jehová.

⁷Oye, oh Jehová, mi voz con que á ti clamo; Y ten misericordia de mí, respóndeme.

⁸Mi corazón ha dicho de ti: Buscad mi rostro. Tu rostro buscaré, oh Jehová.

⁹No escondas tu rostro de mí, No apartes con ira á tu siervo: Mi ayuda has sido; No me dejes y no me desampares, Dios de mi salud.

¹⁰Aunque mi padre y mi madre me dejaran, Jehová con todo me recogerá.

¹¹Enséñame, oh Jehová, tu camino, Y guíame por senda de rectitud, A causa de mis enemigos.

¹²No me entregues á la voluntad de mis enemigos; Porque se han levantado contra mí testigos falsos, y los que respiran crueldad.

¹³Hubiera yo desmayado, si no creyese que tengo de ver la bondad de Jehová En la tierra de los vivientes.

¹⁴Aguarda á Jehová; Esfuérzate, y aliéntese tu corazón: Sí, espera á Jehová.

## SALMO 29

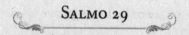

*Como final agradable a un salmo un tanto aterrador, David tranquiliza a sus lectores en el versículo 11 diciéndoles que el Dios todopoderoso fortalece a su pueblo. Entender que Dios es omnipotente debería hacer que los creyentes descansaran en una consoladora seguridad de paz.*

¹DAD á Jehová, oh hijos de fuertes, Dad á Jehová la gloria y la fortaleza.

²Dad á Jehová la gloria debida á su nombre: Humillaos á Jehová en el glorioso santuario.

³Voz de Jehová sobre las aguas: Hizo tronar el Dios de gloria: Jehová sobre las muchas aguas.

⁴ Voz de Jehová con potencia; Voz de Jehová con gloria.

⁵ Voz de Jehová que quebranta los cedros; Y quebrantó Jehová los cedros del Líbano.

⁶ E hízolos saltar como becerros; Al Líbano y al Sirión como hijos de unicornios.

⁷ Voz de Jehová que derrama llamas de fuego.

⁸ Voz de Jehová que hará temblar el desierto; Hará temblar Jehová el desierto de Cades.

⁹ Voz de Jehová que hará estar de parto á las ciervas, Y desnudará la breñas: Y en su templo todos los suyos le dicen gloria.

¹⁰ Jehová preside en el diluvio, Y asentóse Jehová por rey para siempre.

¹¹ Jehová dará fortaleza á su pueblo: Jehová bendecirá á su pueblo en paz.

## Salmo 31

*A pesar de su condición, David sigue recurriendo a Dios, que es sistemáticamente su refugio, su roca y su fortaleza. David es un brillante luchador y estratega, pero se da cuenta de que no puede hacer nada mejor en esa situación que encomendarse en las manos de Dios para evitar un daño potencial.*

¹ EN ti, oh Jehová, he esperado; no sea yo confundido para siempre: Líbrame en tu justicia.

² Inclina á mí tu oído, líbrame presto; Séme por roca de fortaleza, por casa fuerte para salvarme.

³ Porque tú eres mi roca y mi castillo; Y por tu nombre me guiarás, y me encaminarás.

⁴Me sacarás de la red que han escondido para mí;
Porque tú eres mi fortaleza.

⁵En tu mano encomiendo mi espíritu: Tú me has
redimido, oh Jehová, Dios de verdad.

⁶Aborrecí á los que esperan en vanidades ilusorias;
Mas yo en Jehová he esperado.

⁷Me gozaré y alegraré en tu misericordia; Porque
has visto mi aflicción; Has conocido mi alma en las
angustias:

⁸Y no me encerraste en mano del enemigo; Hiciste
estar mis pies en anchura.

⁹Ten misericordia de mí, oh Jehová, que estoy en
angustia: Hanse consumido de pesar mis ojos, mi
alma, y mis entrañas.

¹⁰Porque mi vida se va gastando de dolor, y mis años
de suspirar: Hase enflaquecido mi fuerza á causa de
mi iniquidad, y mis huesos se han consumido.

¹¹De todos mis enemigos he sido oprobio, Y de mis
vecinos en gran manera, y horror á mis conocidos:
Los que me veían fuera, huían de mí.

¹²He sido olvidado de su corazón como un muerto:
He venido á ser como un vaso perdido.

¹³Porque he oído afrenta de muchos; Miedo por
todas partes, Cuando consultaban juntos contra mí, E
ideaban quitarme la vida.

¹⁴Mas yo en ti confié, oh Jehová: Yo dije: Dios mío
eres tú.

¹⁵En tu mano están mis tiempos: Líbrame de la
mano de mis enemigos, y de mis perseguidores.

¹⁶Haz resplandecer tu rostro sobre tu siervo: Sálvame
por tu misericordia.

¹⁷ No sea yo confundido, oh Jehová, ya que te he invocado; Sean corridos los impíos, estén mudos en el profundo.

¹⁸ Enmudezcan los labios mentirosos, Que hablan contra el justo cosas duras, Con soberbia y menosprecio.

¹⁹ Cuán grande es tu bien, que has guardado para los que te temen, Que has obrado para los que esperan en ti, delante de los hijos de los hombres!

²⁰ Los esconderás en el secreto de tu rostro de las arrogancias del hombre: Los pondrás en un tabernáculo á cubierto de contención de lenguas.

²¹ Bendito Jehová, Porque ha hecho maravillosa su misericordia para conmigo en ciudad fuerte.

²² Y decía yo en mi premura: Cortado soy de delante de tus ojos: Tú empero oíste la voz de mis ruegos, cuando á ti clamaba.

²³ Amad á Jehová todos vosotros sus santos: A los fieles guarda Jehová, Y paga abundantemente al que obra con soberbia.

²⁴ Esforzaos todos vosotros los que esperáis en Jehová, Y tome vuestro corazón aliento.

*Las personas perversas que no se arrepienten quedan
abandonadas en sus muchos males, pero Dios siempre
proporciona una mejor opción.
Tras el pecado, el arrepentimiento y la confesión, Dios
restaura el estado de justicia de la persona, y la capacita
para que vuelva a ser pura de corazón.
Por la misericordia y el perdón de Dios, la
persona está de nuevo ansiosa por regocijarse.*

¹ BIENAVENTURADO aquel cuyas iniquidades
son perdonadas, y borrados sus pecados.
² Bienaventurado el hombre á quien no imputa Jehová
la iniquidad, Y en cuyo espíritu no hay superchería.
³ Mientras callé, envejeciéronse mis huesos En mi
gemir todo el día.
⁴ Porque de día y de noche se agravó sobre mí tu
mano; Volvióse mi verdor en sequedades de estío.
(Selah.)
⁵ Mi pecado te declaré, y no encubrí mi iniquidad.
Confesaré, dije, contra mí mis rebeliones á Jehová; Y
tú perdonaste la maldad de mi pecado. (Selah.)
⁶ Por esto orará á ti todo santo en el tiempo de poder
hallarte: Ciertamente en la inundación de muchas
aguas no llegarán éstas á él.
⁷ Tú eres mi refugio; me guardarás de angustia; Con
cánticos de liberación me rodearás. (Selah.)
⁸ Te haré entender, y te enseñaré el camino en que
debes andar: Sobre ti fijaré mis ojos.
⁹ No seáis como el caballo, ó como el mulo, sin
entendimiento: Con cabestro y con freno su boca ha
de ser reprimida, Para que no lleguen á ti.

¹⁰ Muchos dolores para el impío; Mas el que espera en Jehová, lo cercará misericordia.

¹¹ Alegraos en Jehová, y gozaos, justos: Y cantad todos vosotros los rectos de corazón.

# Salmo 33

*El salmo 33 es un hermoso recordatorio de la soberanía de Dios, que merece adoración y alabanza por parte de su pueblo, porque este siempre puede contar con su fidelidad, su rectitud, su justicia y su amor.*

¹ ALEGRAOS, justos, en Jehová: A los rectos es hermosa la alabanza.

² Celebrad á Jehová con arpa: Cantadle con salterio y decacordio.

³ Cantadle canción nueva: Hacedlo bien tañendo con júbilo.

⁴ Porque recta es la palabra de Jehová, Y toda su obra con verdad hecha.

⁵ El ama justicia y juicio: De la misericordia de Jehová está llena la tierra.

⁶ Por la palabra de Jehová fueron hechos los cielos, Y todo el ejército de ellos por el espíritu de su boca.

⁷ El junta como en un montón las aguas de la mar: El pone en depósitos los abismos.

⁸ Tema á Jehová toda la tierra: Teman de él todos los habitadores del mundo.

⁹ Porque él dijo, y fué hecho; El mandó, y existió.

¹⁰ Jehová hace nulo el consejo de las gentes, Y frustra las maquinaciones de los pueblos.

¹¹ El consejo de Jehová permanecerá para siempre;
Los pensamientos de su corazón por todas las
generaciones.

¹² Bienaventurada la gente de que Jehová es su Dios;
El pueblo á quien escogió por heredad para sí.

¹³ Desde los cielos miró Jehová; Vió á todos los hijos
de los hombres:

¹⁴ Desde la morada de su asiento miró Sobre todos los
moradores de la tierra.

¹⁵ El formó el corazón de todos ellos; El considera
todas sus obras.

¹⁶ El rey no es salvo con la multitud del ejército: No
escapa el valiente por la mucha fuerza.

¹⁷ Vanidad es el caballo para salvarse: Por la grandeza
de su fuerza no librará.

¹⁸ He aquí, el ojo de Jehová sobre los que le temen,
Sobre los que esperan en su misericordia;

¹⁹ Para librar sus almas de la muerte, Y para darles
vida en el hambre.

²⁰ Nuestra alma esperó á Jehová; Nuestra ayuda y
nuestro escudo es él.

²¹ Por tanto en él se alegrará nuestro corazón, Porque
en su santo nombre hemos confiado.

²² Sea tu misericordia, oh Jehová, sobre nosotros,
Como esperamos en ti.

# SALMO 34

*Los que no tienen ningún otro recurso, pueden siempre
clamar a Dios y ser oídos.
Y los que busquen y reciban la ayuda de Dios pueden
incluso provocar una opinión distinta sobre ellos:
evitan la vergüenza experimentada por
tantos otros, y su rostro irradia gozo.*

¹ BENDECIRÉ á Jehová en todo tiempo; Su
alabanza será siempre en mi boca.

² En Jehová se gloriará mi alma: Oiránlo los mansos, y
se alegrarán.

³ Engrandeced á Jehová conmigo, Y ensalcemos su
nombre á una.

⁴ Busqué á Jehová, y él me oyó, Y libróme de todos
mis temores.

⁵ A él miraron y fueron alumbrados: Y sus rostros no
se avergonzaron.

⁶ Este pobre clamó, y oyóle Jehová, Y librólo de todas
sus angustias.

⁷ El ángel de Jehová acampa en derredor de los que le
temen, Y los defiende.

⁸ Gustad, y ved que es bueno Jehová: Dichoso el
hombre que confiará en él.

⁹ Temed á Jehová, vosotros sus santos; Porque no hay
falta para los que le temen.

¹⁰ Los leoncillos necesitaron, y tuvieron hambre; Pero
los que buscan á Jehová, no tendrán falta de ningún
bien.

¹¹ Venid, hijos, oidme; El temor de Jehová os enseñaré.

¹² ¿Quién es el hombre que desea vida, Que codicia
días para ver bien?

[13] Guarda tu lengua de mal, Y tus labios de hablar engaño.

[14] Apártate del mal, y haz el bien; Busca la paz, y síguela.

[15] Los ojos de Jehová están sobre los justos, Y atentos sus oídos al clamor de ellos.

[16] La ira de Jehová contra los que mal hacen, Para cortar de la tierra la memoria de ellos.

[17] Clamaron los justos, y Jehová oyó, Y librólos de todas sus angustias.

[18] Cercano está Jehová á los quebrantados de corazón; Y salvará á los contritos de espíritu.

[19] Muchos son los males del justo; Mas de todos ellos lo librará Jehová.

[20] El guarda todos sus huesos; Ni uno de ellos será quebrantado.

[21] Matará al malo la maldad; Y los que aborrecen al justo serán asolados.

[22] Jehová redime el alma de sus siervos; Y no serán asolados cuantos en él confían.

# Salmo 37

*En los versículos 12–22, David enumera una serie de
contrastes entre las personas justas y las perversas.
En cada ejemplo específico, con el tiempo, el éxito
aparente de los malvados llega a un final demoledor.
El efecto duradero de todo lo perverso jamás durará.
Sin embargo, para el justo, las bendiciones
de Dios son abundantes y eternas.*

¹ NO te impacientes á causa de los malignos, Ni
tengas envidia de los que hacen iniquidad.

² Porque como hierba serán presto cortados, Y
decaerán como verdor de renuevo.

³ Espera en Jehová, y haz bien; Vivirás en la tierra, y
en verdad serás alimentado.

⁴ Pon asimismo tu delicia en Jehová, Y él te dará las
peticiones de tu corazón.

⁵ Encomienda á Jehová tu camino, Y espera en él; y él
hará.

⁶ Y exhibirá tu justicia como la luz, Y tus derechos
como el medio día.

⁷ Calla á Jehová, y espera en él: No te alteres con
motivo del que prospera en su camino, Por el hombre
que hace maldades.

⁸ Déjate de la ira, y depón el enojo: No te excites en
manera alguna á hacer lo malo.

⁹ Porque los malignos serán talados, Mas los que
esperan en Jehová, ellos heredarán la tierra.

¹⁰ Pues de aquí á poco no será el malo: Y
contemplarás sobre su lugar, y no parecerá.

¹¹ Pero los mansos heredarán la tierra, Y se recrearán
con abundancia de paz.

¹²Maquina el impío contra el justo, Y cruje sobre él sus dientes.

¹³El Señor se reirá de él; Porque ve que viene su día.

¹⁴Los impíos desenvainaron espada, y entesaron su arco, Para derribar al pobre y al menesteroso, Para matar á los de recto proceder.

¹⁵La espada de ellos entrará en su mismo corazón, Y su arco será quebrado.

¹⁶Mejor es lo poco del justo, Que las riquezas de muchos pecadores.

¹⁷Porque los brazos de los impíos serán quebrados: Mas el que sostiene á los justos es Jehová.

¹⁸Conoce Jehová los días de los perfectos: Y la heredad de ellos será para siempre.

¹⁹No serán avergonzados en el mal tiempo; Y en los días de hambre serán hartos.

²⁰Mas los impíos perecerán, Y los enemigos de Jehová como la grasa de los carneros Serán consumidos: se disiparán como humo.

²¹El impío toma prestado, y no paga; Mas el justo tiene misericordia, y da.

²²Porque los benditos de él heredarán la tierra; Y los malditos de él serán talados.

²³Por Jehová son ordenados los pasos del hombre, Y aprueba su camino.

²⁴Cuando cayere, no quedará postrado; Porque Jehová sostiene su mano.

²⁵Mozo fuí, y he envejecido, Y no he visto justo desamparado, Ni su simiente que mendigue pan.

²⁶En todo tiempo tiene misericordia, y presta; Y su simiente es para bendición.

²⁷ Apártate del mal, y haz el bien, Y vivirás para siempre.

²⁸ Porque Jehová ama la rectitud, Y no desampara sus santos: Mas la simiente de los impíos será extirpada.

²⁹ Los justos heredarán la tierra, Y vivirán para siempre sobre ella.

³⁰ La boca del justo hablara sabiduría; Y su lengua proferirá juicio.

³¹ La ley de su Dios está en su corazón; Por tanto sus pasos no vacilarán.

³² Acecha el impío al justo, Y procura matarlo.

³³ Jehová no lo dejará en sus manos, Ni lo condenará cuando le juzgaren.

³⁴ Espera en Jehová, y guarda su camino, Y él te ensalzará para heredar la tierra: Cuando serán talados los pecadores, lo verás.

³⁵ Vi yo al impío sumamente ensalzado, Y que se extendía como un laurel verde.

³⁶ Empero pasóse, y he aquí no parece; Y busquélo, y no fué hallado.

³⁷ Considera al íntegro, y mira al justo: Que la postrimería de cada uno de ellos es paz.

³⁸ Mas los transgresores fueron todos á una destruídos: La postrimería de los impíos fué talada.

³⁹ Pero la salvación de los justos es de Jehová, Y él es su fortaleza en el tiempo de angustia.

⁴⁰ Y Jehová los ayudará, Y los librará: y libertarálos de los impíos, y los salvará, Por cuanto en él esperaron.

# Salmo 39

*David vuelve su atención de nuevo hacia Dios y, haciéndolo, afirma su esperanza en el Señor mientras pide no ser ridiculizado por los necios. Dado que la vida de cada persona es breve, David quiere restaurar su relación con Dios tan pronto como sea posible.*

¹ YO DIJE: Atenderé á mis caminos, Para no pecar con mi lengua: Guardaré mi boca con freno, En tanto que el impío fuere contra mí.

² Enmudecí con silencio, calléme aun respecto de lo bueno: Y excitóse mi dolor.

³ Enardecióse mi corazón dentro de mí; Encendióse fuego en mi meditación, Y así proferí con mi lengua:

⁴ Hazme saber, Jehová, mi fin, Y cuánta sea la medida de mis días; Sepa yo cuánto tengo de ser del mundo.

⁵ He aquí diste á mis días término corto, Y mi edad es como nada delante de ti: Ciertamente es completa vanidad todo hombre que vive. (Selah.)

⁶ Ciertamente en tinieblas anda el hombre; Ciertamente en vano se inquieta: Junta, y no sabe quién lo allegará.

⁷ Y ahora, Señor, ¿qué esperaré? Mi esperanza en ti está.

⁸ Líbrame de todas mis rebeliones; No me pongas por escarnio del insensato.

⁹ Enmudecí, no abrí mi boca; Porque tú lo hiciste.

¹⁰ Quita de sobre mí tu plaga; De la guerra de tu mano soy consumido.

¹¹ Con castigos sobre el pecado corriges al hombre, Y haces consumirse como de polilla su grandeza: Ciertamente vanidad es todo hombre. (Selah.)

¹² Oye mi oración, oh Jehová, y escucha mi clamor: No calles á mis lágrimas; Porque peregrino soy para contigo, Y advenedizo, como todos mis padres.

¹³ Déjame, y tomaré fuerzas, Antes que vaya y perezca.

## SALMO 40

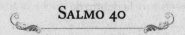

*A Dios no le impresiona la práctica externa de la religión personal, sacrificios, ofrendas, etc.*
*David comprende que el Señor prefiere de lejos una relación firme en la que su Palabra motive el deseo constante de obedecerle y responderle a él.*

¹ RESIGNADAMENTE esperé á Jehová, E inclinóse á mí, y oyó mi clamor.

² E hízome sacar de un lago de miseria, del lodo cenagoso; Y puso mis pies sobre peña, y enderezó mis pasos.

³ Puso luego en mi boca canción nueva, alabanza á nuestro Dios. Verán esto muchos, y temerán, Y esperarán en Jehová.

⁴ Bienaventurado el hombre que puso á Jehová por su confianza, Y no mira á los soberbios, ni á los que declinan á la mentira.

⁵ Aumentado has tú, oh Jehová Dios mío, tus maravillas; Y tus pensamientos para con nosotros, No te los podremos contar: Si yo anunciare y hablare de ellos, No pueden ser enarrados.

⁶ Sacrificio y presente no te agrada; Has abierto mis oídos; Holocausto y expiación no has demandado.

⁷Entonces dije: He aquí, vengo; En el envoltorio del libro está escrito de mí:

⁸El hacer tu voluntad, Dios mío, hame agradado; Y tu ley está en medio de mis entrañas.

⁹Anunciado he justicia en grande congregación: He aquí no detuve mis labios, Jehová, tú lo sabes.

¹⁰No encubrí tu justicia dentro de mi corazón: Tu verdad y tu salvación he dicho: No oculté tu misericordia y tu verdad en grande concurso.

¹¹Tú, Jehová, no apartes de mí tus misericordias: Tu misericordia y tu verdad me guarden siempre.

¹²Porque me han cercado males hasta no haber cuento: Hanme comprendido mis maldades, y no puedo levantar la vista: Hanse aumentado más que los cabellos de mi cabeza, y mi corazón me falta.

¹³Quieras, oh Jehová, librarme; Jehová, apresúrate á socorrerme.

¹⁴Sean avergonzados y confusos á una Los que buscan mi vida para cortarla: Vuelvan atrás y avergüéncense Los que mi mal desean.

¹⁵Sean asolados en pago de su afrenta Los que me dicen: Ea, ea!

¹⁶Gócense y alégrense en ti todos los que te buscan; Y digan siempre los que aman tu salud: Jehová sea ensalzado.

¹⁷Aunque afligido yo y necesitado, Jehová pensará de mí: Mi ayuda y mi libertador eres tú; Dios mío, no te tardes.

*El versículo 4 indica que al salmista no solo se le ha
impedido asistir a los cultos de adoración, sino también
el tomar parte en el ministerio que tiene en ellos.
El aislamiento y el llanto han sustituido la
comunión, el gozo y la acción de gracias.
Con todo, en el primero de los tres estribillos idénticos,
se reprende a sí mismo y se insta a vencer su negativo
estado de ánimo y a depositar su esperanza en Dios.*

¹ COMO el ciervo brama por las corrientes de las
aguas, Así clama por ti, oh Dios, el alma mía.
² Mi alma tiene sed de Dios, del Dios vivo: Cuándo
vendré, y pareceré delante de Dios!
³ Fueron mis lágrimas mi pan de día y de noche,
Mientras me dicen todos los días: ¿Dónde está tu
Dios?
⁴ Acordaréme de estas cosas, y derramaré sobre mí mi
alma: Cuando pasaré en el número, iré con ellos hasta
la casa de Dios, Con voz de alegría y de alabanza,
haciendo fiesta la multitud.
⁵ ¿Por qué te abates, oh alma mía, Y te conturbas en
mí? Espera á Dios; porque aun le tengo de alabar Por
las saludes de su presencia.
⁶ Dios mío, mi alma está en mí abatida: Acordaréme
por tanto de ti desde tierra del Jordán, Y de los
Hermonitas, desde el monte de Mizhar.
⁷ Un abismo llama á otro á la voz de tus canales:
Todas tus ondas y tus olas han pasado sobre mí.
⁸ De día mandará Jehová su misericordia, Y de noche
su canción será conmigo, Y oración al Dios de mi
vida.

⁹Diré á Dios: Roca mía, ¿por qué te has olvidado de mí? ¿Por qué andaré yo enlutado por la opresión del enemigo?

¹⁰Mientras se están quebrantando mis huesos, mis enemigos me afrentan, Diciéndome cada día: ¿Dónde está tu Dios?

¹¹¿Por qué te abates, oh alma mía, Y por qué te conturbas en mí? Espera á Dios; porque aun le tengo de alabar; Es él salvamento delante de mí, y el Dios mío.

# Salmo 46

*En la lengua original, la directriz: «Estad
quietos, y conoced que yo soy Dios»
no es tanto una sugerencia, sino una orden enfática.
La intención no es «quédate quieto y descubrirás la
presencia de Dios», sino más bien: «Deja lo que estés
haciendo en este momento y reconoce quién es Dios».*

¹ DIOS es nuestro amparo y fortaleza, Nuestro pronto
auxilio en las tribulaciones.

² Por tanto no temeremos aunque la tierra sea
removida; Aunque se traspasen los montes al corazón
de la mar.

³ Bramarán, turbaránse sus aguas; Temblarán los
montes á causa de su braveza. (Selah.)

⁴ Del río sus conductos alegrarán la ciudad de Dios,
El santuario de las tiendas del Altísimo.

⁵ Dios está en medio de ella; no será conmovida: Dios
la ayudará al clarear la mañana.

⁶ Bramaron las gentes, titubearon los reinos; Dió él su
voz, derritióse la tierra.

⁷ Jehová de los ejércitos es con nosotros; Nuestro
refugio es el Dios de Jacob. (Selah.)

⁸ Venid, ved las obras de Jehová, Que ha puesto
asolamientos en la tierra.

⁹ Que hace cesar las guerras hasta los fines de la tierra:
Que quiebra el arco, corta la lanza, Y quema los
carros en el fuego.

¹⁰ Estad quietos, y conoced que yo soy Dios:
Ensalzado he de ser entre las gentes, ensalzado seré
en la tierra.

¹¹Jehová de los ejércitos es con nosotros; Nuestro refugio es el Dios de Jacob. (Selah.)

## SALMO 47

*Aunque el salmo 46 se centra exclusivamente en Israel, el salmo 47 aclara de inmediato, en su primer versículo, que todas las naciones deben reconocer a Dios. De hecho, el Dios de Israel es el Señor Altísimo y, a la vez, el gran Rey sobre toda la tierra.*

¹PUEBLOS todos, batid las manos; Aclamad á Dios con voz de júbilo.
²Porque Jehová el Altísimo es terrible; Rey grande sobre toda la tierra.
³El sujetará á los pueblos debajo de nosotros, Y á las gentes debajo de nuestros pies.
⁴El nos elegirá nuestras heredades; La hermosura de Jacob, al cual amó. (Selah.)
⁵Subió Dios con júbilo, Jehová con sonido de trompeta.
⁶Cantad á Dios, cantad: Cantad á nuestro Rey, cantad.
⁷Porque Dios es el Rey de toda la tierra: Cantad con inteligencia.
⁸Reinó Dios sobre las gentes: Asentóse Dios sobre su santo trono.
⁹Los príncipes de los pueblos se juntaron Al pueblo del Dios de Abraham: Porque de Dios son los escudos de la tierra; El es muy ensalzado.

*El salmo 49 trata un tema recurrente: la aparente*
*injusticia de la vida ya que el rico domina al pobre.*
*Sin embargo, el salmista pone las cosas en perspectiva*
*explicando que la muerte es la gran igualadora.*
*Independientemente de lo rica o sabia que sea*
*la persona, no tiene escapatoria: su final es tan*
*igual e inevitable que el del pobre y el necio.*

¹ OID esto, pueblos todos; Escuchad, habitadores todos del mundo:

² Así los plebeyos como los nobles, El rico y el pobre juntamente.

³ Mi boca hablará sabiduría; Y el pensamiento de mi corazón inteligencia.

⁴ Acomodaré á ejemplos mi oído: Declararé con el arpa mi enigma.

⁵ ¿Por qué he de temer en los días de adversidad, Cuando la iniquidad de mis insidiadores me cercare?

⁶ Los que confían en sus haciendas, Y en la muchedumbre de sus riquezas se jactan,

⁷ Ninguno de ellos podrá en manera alguna redimir al hermano, Ni dar á Dios su rescate.

⁸ (Porque la redención de su vida es de gran precio, Y no se hará jamás;)

⁹ Que viva adelante para siempre, Y nunca vea la sepultura.

¹⁰ Pues se ve que mueren los sabios, Así como el insensato y el necio perecen, Y dejan á otros sus riquezas.

¹¹ En su interior tienen que sus casas serán eternas,
Y sus habitaciones para generación y generación:
Llamaron sus tierras de sus nombres.
¹² Mas el hombre no permanecerá en honra: Es
semejante á las bestias que perecen.
¹³ Este su camino es su locura: Con todo, corren sus
descendientes por el dicho de ellos. (Selah.)
¹⁴ Como rebaños serán puestos en la sepultura; La
muerte se cebará en ellos; Y los rectos se enseñorearán
de ellos por la mañana: Y se consumirá su bien
parecer en el sepulcro de su morada.
¹⁵ Empero Dios redimirá mi vida del poder de la
sepultura, Cuando me tomará. (Selah.)
¹⁶ No temas cuando se enriquece alguno, Cuando
aumenta la gloria de su casa;
¹⁷ Porque en muriendo no llevará nada, Ni descenderá
tras él su gloria.
¹⁸ Si bien mientras viviere, dirá dichosa á su alma: Y tú
serás loado cuando bien te tratares.
¹⁹ Entrará á la generación de sus padres: No verán luz
para siempre.
²⁰ El hombre en honra que no entiende, Semejante es
á las bestias que perecen.

# SALMO 51

*David no solo ora pidiendo un corazón puro, sino
también un espíritu constante y una incesante consciencia
de la presencia de Dios.
Tras su doloroso pecado, desea el gozo de la salvación
y la renovación de su disposición a servir a Dios.*

¹ TEN piedad de mí, oh Dios, conforme á tu misericordia: Conforme á la multitud de tus piedades borra mis rebeliones.

² Lávame más y más de mi maldad, Y límpiame de mi pecado.

³ Porque yo reconozco mis rebeliones; Y mi pecado está siempre delante de mí.

⁴ A ti, á ti solo he pecado, Y he hecho lo malo delante de tus ojos: Porque seas reconocido justo en tu palabra, Y tenido por puro en tu juicio.

⁵ He aquí, en maldad he sido formado, Y en pecado me concibió mi madre.

⁶ He aquí, tú amas la verdad en lo íntimo: Y en lo secreto me has hecho comprender sabiduría.

⁷ Purifícame con hisopo, y será limpio: Lávame, y seré emblanquecido más que la nieve.

⁸ Hazme oir gozo y alegría; Y se recrearán los huesos que has abatido.

⁹ Esconde tu rostro de mis pecados, Y borra todas mis maldades.

¹⁰ Crea en mí, oh Dios, un corazón limpio; Y renueva un espíritu recto dentro de mí.

¹¹ No me eches de delante de ti; Y no quites de mí tu santo espíritu.

¹² Vuélveme el gozo de tu salud; Y el espíritu libre me sustente.

¹³ Enseñaré á los prevaricadores tus caminos; Y los pecadores se convertirán á ti.

¹⁴ Líbrame de homicidios, oh Dios, Dios de mi salud: Cantará mi lengua tu justicia.

¹⁵ Señor, abre mis labios; Y publicará mi boca tu alabanza.

¹⁶ Porque no quieres tú sacrificio, que yo daría; No quieres holocausto.

¹⁷ Los sacrificios de Dios son el espíritu quebrantado: Al corazón contrito y humillado no despreciarás tú, oh Dios.

¹⁸ Haz bien con tu benevolencia á Sión: Edifica los muros de Jerusalem.

¹⁹ Entonces te agradarán los sacrificios de justicia, el holocausto ú ofrenda del todo quemada: Entonces ofrecerán sobre tu altar becerros.

# SALMO 52

*En contraste con el impío, que será arrancado, en el
versículo 8 David se compara a un olivo firmemente
arraigado, fructífero y esperando tener larga vida.
(Los olivos pueden vivir durante siglos.)
Y, lo más importante, florece en su relación con Dios.
Su confianza en él marca toda la diferencia,
y promete seguir alabando al Señor y
depositando en él su confianza.*

¹¿POR qué te glorías de maldad, oh poderoso? La misericordia de Dios es continua.

²Agravios maquina tu lengua: Como navaja amolada hace engaño.

³Amaste el mal más que el bien; La mentira más que hablar justicia. (Selah.)

⁴Has amado toda suerte de palabras perniciosas, Engañosa lengua.

⁵Por tanto Dios te derribará para siempre: Te asolará y te arrancará de tu morada, Y te desarraigará de la tierra de los vivientes. (Selah.)

⁶Y verán los justos, y temerán; Y reiránse de él, diciendo:

⁷He aquí el hombre que no puso á Dios por su fortaleza, Sino que confió en la multitud de sus riquezas. Y se mantuvo en su maldad.

⁸Mas yo estoy como oliva verde en la casa de Dios: En la misericordia de Dios confío perpetua y eternalmente.

⁹Te alabaré para siempre por lo que has hecho: Y esperaré en tu nombre, porque es bueno, delante de tus santos.

*Los desastres irán y vendrán, y, en los peores momentos,*
*el mejor lugar en el que uno se puede encontrar es bajo la*
*sombra de las alas de Dios.*
*El ejército de Saúl está persiguiendo a David, pero*
*también lo siguen el amor y la fidelidad de Dios.*

¹ TEN misericordia de mí, oh Dios, ten misericordia de mí; Porque en ti ha confiado mi alma, Y en la sombra de tus alas me ampararé, Hasta que pasen los quebrantos.

² Clamaré al Dios Altísimo, Al Dios que me favorece.

³ El enviará desde los cielos, y me salvará De la infamia del que me apura; (Selah) Dios enviará su misericordia y su verdad.

⁴ Mi vida está entre leones; Estoy echado entre hijos de hombres encendidos: Sus dientes son lanzas y saetas, Y su lengua cuchillo agudo.

⁵ Ensálzate sobre los cielos, oh Dios; Sobre toda la tierra tu gloria.

⁶ Red han armado á mis pasos; Hase abatido mi alma: Hoyo han cavado delante de mí; En medio de él han caído. (Selah.)

⁷ Pronto está mi corazón, oh Dios, mi corazón está dispuesto: Cantaré, y trovaré salmos.

⁸ Despierta, oh gloria mía; despierta, salterio y arpa: Levantaréme de mañana.

⁹ Alabarte he en los pueblos, oh Señor; Cantaré de ti en las naciones.

¹⁰ Porque grande es hasta los cielos tu misericordia, Y hasta las nubes tu verdad.

**¹¹** Ensálzate sobre los cielos, oh Dios; Sobre toda la tierra tu gloria.

## Salmo 61

*En el versículo 3, el salmista es capaz de confiar en Dios durante esta crisis, porque este siempre le ha sido fiel en sus anteriores momentos de aflicción.*
*Desea tener una sensación más permanente de cercanía con Dios tanto con la protección del divino santuario como de la presencia personal del Señor.*

**¹** OYE, oh Dios, mi clamor; A mi oración atiende.
**²** Desde el cabo de la tierra clamaré á ti, cuando mi corazón desmayare: A la peña más alta que yo me conduzcas.
**³** Porque tú has sido mi refugio, Y torre de fortaleza delante del enemigo.
**⁴** Yo habitaré en tu tabernáculo para siempre: Estaré seguro bajo la cubierta de tus alas.
**⁵** Porque tú, oh Dios, has oído mis votos, Has dado heredad á los que temen tu nombre.
**⁶** Días sobre días añadirás al rey: Sus años serán como generación y generación.
**⁷** Estará para siempre delante de Dios: Misericordia y verdad prepara que lo conserven.
**⁸** Así cantaré tu nombre para siempre, Pagando mis votos cada día.

# Salmo 62

*Las personas tienden a buscar la riqueza, y muchos*
*recurren con desesperación a medios deshonestos (incluidos*
*el robo y la extorsión), para conseguirla.*
*Con todo, las posesiones acumuladas de una persona no*
*proporcionan ninguna seguridad a largo plazo.*
*El corazón del individuo debería permanecer*
*en Dios y en ningún otro sustituto.*

¹ EN Dios solamente está callada mi alma: De él viene mi salud.

² El solamente es mi fuerte, y mi salud; Es mi refugio, no resbalaré mucho.

³ ¿Hasta cuándo maquinaréis contra un hombre? Pereceréis todos vosotros, Caeréis como pared acostada, como cerca ruinosa.

⁴ Solamente consultan de arrojarle de su grandeza; Aman la mentira, Con su boca bendicen, pero maldicen en sus entrañas. (Selah.)

⁵ Alma mía, en Dios solamente reposa; Porque de él es mi esperanza.

⁶ El solamente es mi fuerte y mi salud: Es mi refugio, no resbalaré.

⁷ En Dios está mi salvación y mi gloria: En Dios está la roca de mi fortaleza, y mi refugio.

⁸ Esperad en él en todo tiempo, oh pueblos; Derramad delante de él vuestro corazón: Dios es nuestro amparo. (Selah.)

⁹ Por cierto, vanidad son los hijos de los hombres, mentira los hijos de varón: Pesándolos á todos igualmente en la balanza, Serán menos que la vanidad.

¹⁰ No confiéis en la violencia, Ni en la rapiña; no os envanezcáis: Si se aumentare la hacienda, no pongáis el corazón en ella.

¹¹ Una vez habló Dios; Dos veces he oído esto: Que de Dios es la fortaleza.

¹² Y de ti, oh Señor, es la misericordia: Porque tú pagas á cada uno conforme á su obra.

## Salmo 63

*En el versículo 1, David compara su anhelo
por Dios a la sed de un hombre que vaga por
un desierto seco, desesperado por agua.
Para muchas personas, el deseo de Dios es algo casual y
ocasional; para David, es cuestión de vida o muerte.*

¹ DIOS, Dios mío eres tú: levantaréme á ti de mañana: Mi alma tiene sed de ti, mi carne te desea, En tierra de sequedad y transida sin aguas;

² Para ver tu fortaleza y tu gloria, Así como te he mirado en el santuario.

³ Porque mejor es tu misericordia que la vida: Mis labios te alabarán.

⁴ Así te bendeciré en mi vida: En tu nombre alzaré mis manos.

⁵ Como de meollo y de grosura será saciada mi alma; Y con labios de júbilo te alabará mi boca,

⁶ Cuando me acordaré de ti en mi lecho, Cuando meditaré de ti en las velas de la noche.

⁷ Porque has sido mi socorro; Y así en la sombra de tus alas me regocijaré.

⁸ Está mi alma apegada á ti: Tu diestra me ha sostenido.

⁹ Mas los que para destrucción buscaron mi alma, Caerán en los sitios bajos de la tierra.

¹⁰ Destruiránlos á filo de espada; Serán porción de las zorras.

¹¹ Empero el rey se alegrará en Dios; Será alabado cualquiera que por él jura: Porque la boca de los que hablan mentira, será cerrada.

## Salmo 65

*El control de Dios se extiende hasta los mares más remotos y las montañas más poderosas del mundo; lo mismo ocurre con el caos entre las naciones. El salmista comprende que uno llega tan lejos como puede, en una misma dirección, y el sol sale. Si se dirige en la dirección contraria, hasta lo más remoto, el sol se pone. En todo ese periodo de tiempo, las personas deberían notar y reverenciar las obras de Dios y responder con gozo.*

¹ A TI es plácida la alabanza en Sión, oh Dios: Y á ti se pagarán los votos.

² Tú oyes la oración: A ti vendrá toda carne.

³ Palabras de iniquidades me sobrepujaron: Mas nuestras rebeliones tú las perdonarás.

⁴ Dichoso el que tú escogieres, é hicieres llegar á ti, Para que habite en tus atrios: Seremos saciados del bien de tu casa, De tu santo templo.

⁵ Con tremendas cosas, en justicia, nos responderás tú, Oh Dios de nuestra salud, Esperanza de todos los

términos de la tierra, Y de los más remotos confines de la mar.

⁶Tú, el que afirma los montes con su potencia, Ceñido de valentía:

⁷El que amansa el estruendo de los mares, el estruendo de sus ondas, Y el alboroto de las gentes.

⁸Por tanto los habitadores de los fines de la tierra temen de tus maravillas. Tú haces alegrar las salidas de la mañana y de la tarde.

⁹Visitas la tierra, y la riegas: En gran manera la enriqueces Con el río de Dios, lleno de aguas: Preparas el grano de ellos, cuando así la dispones.

¹⁰Haces se empapen sus surcos, Haces descender sus canales: Ablándasla con lluvias, Bendices sus renuevos.

¹¹Tú coronas el año de tus bienes; Y tus nubes destilan grosura.

¹²Destilan sobre las estancias del desierto; Y los collados se ciñen de alegría.

¹³Vístense los llanos de manadas, Y los valles se cubren de grano: Dan voces de júbilo, y aun cantan.

# Salmo 66

*El pueblo del salmista había atravesado algún tiempo de*
*dificultad, incluidas la cárcel, la derrota y otras pruebas.*
*Pero en lugar de desalentarse por tales experiencias, él*
*entiendo que, sencillamente, ha sido un tiempo de pulido*
*Como cuando se hace pasar el metal precioso por*
*intenso calor para eliminar cualquier impureza.*

¹ ACLAMAD á Dios con alegría, toda la tierra:
² Cantad la gloria de su nombre: Poned gloria en su alabanza.
³ Decid á Dios: Cuán terribles tus obras! Por lo grande de tu fortaleza te mentirán tus enemigos.
⁴ Toda la tierra te adorará, Y cantará á ti; Cantarán á tu nombre. (Selah.)
⁵ Venid, y ved las obras de Dios, Terrible en hechos sobre los hijos de los hombres.
⁶ Volvió la mar en seco; Por el río pasaron á pie; Allí en él nos alegramos.
⁷ El se enseñorea con su fortaleza para siempre: Sus ojos atalayan sobre las gentes: Los rebeldes no serán ensalzados. (Selah.)
⁸ Bendecid, pueblos, á nuestro Dios, Y haced oir la voz de su alabanza.
⁹ El es el que puso nuestra alma en vida, Y no permitió que nuestros pies resbalasen.
¹⁰ Porque tú nos probaste, oh Dios: Ensayástenos como se afina la plata.
¹¹ Nos metiste en la red; Pusiste apretura en nuestros lomos.
¹² Hombres hiciste subir sobre nuestra cabeza; Entramos en fuego y en aguas, Y sacástenos á hartura.

¹³ Entraré en tu casa con holocaustos: Te pagaré mis votos,

¹⁴ Que pronunciaron mis labios, Y habló mi boca, cuando angustiado estaba.

¹⁵ Holocaustos de cebados te ofreceré, Con perfume de carneros: Sacrificaré bueyes y machos cabríos. (Selah.)

¹⁶ Venid, oid todos los que teméis á Dios, Y contaré lo que ha hecho á mi alma.

¹⁷ A él clamé con mi boca, Y ensalzado fué con mi lengua.

¹⁸ Si en mi corazón hubiese yo mirado á la iniquidad, El Señor no me oyera.

¹⁹ Mas ciertamente me oyó Dios; Antendió á la voz de mi súplica.

²⁰ Bendito Dios, Que no echó de sí mi oración, ni de mí su misericordia.

# Salmo 67

*La alabanza no se limitará de forma ideal a Israel.
En los versículos 3-4, el salmista quiere que todas
las naciones alaben a Dios, que es justo regidor
de su pueblo y guía para todos los países.
Y, por si la invitación inicial del salmista no fuera
suficiente, la repite de nuevo en el versículo 5.*

¹ DIOS tenga misericordia de nosotros, y nos
bendiga; Haga resplandecer su rostro sobre nosotros
(Selah);
² Para que sea conocido en la tierra tu camino, En
todas las gentes tu salud.
³ Alábente los pueblos, oh Dios; Alábente los pueblos
todos.
⁴ Alégrense y gocénse las gentes; Porque juzgarás los
pueblos con equidad, Y pastorearás las naciones en la
tierra. (Selah.)
⁵ Alábente los pueblos, oh Dios: Todos los pueblos te
alaben.
⁶ La tierra dará su fruto: Nos bendecirá Dios, el Dios
nuestro.
⁷ Bendíganos Dios, Y témanlo todos los fines de la
tierra.

# SALMO 71

*El salmista, que habla con la sabiduría de la edad, sigue depositando su esperanza en Dios. Todavía no ha descubierto la extensión plena de la justicia y la salvación de Dios pero ha visto más que suficiente para proclamar la bondad divina a otros.*

¹ En ti, OH JEHOVÁ, me he refugiado; No sea yo avergonzado jamás.

² Socórreme y líbrame en tu justicia; Inclina tu oído y sálvame.

³ Sé para mí una roca de refugio, adonde recurra yo continuamente.
Tú has dado mandamiento para salvarme, Porque tú eres mi roca y mi fortaleza.

⁴ Dios mío, líbrame de la mano del impío, De la mano del perverso y violento.

⁵ Porque tú, oh Señor Jehová, eres mi esperanza, Seguridad mía desde mi juventud.

⁶ En ti he sido sustentado desde el vientre; De las entrañas de mi madre tú fuiste el que me sacó; De ti será siempre mi alabanza.

⁷ Como prodigio he sido a muchos, Y tú mi refugio fuerte.

⁸ Sea llena mi boca de tu alabanza, De tu gloria todo el día.

⁹ No me deseches en el tiempo de la vejez; Cuando mi fuerza se acabare, no me desampares.

¹⁰ Porque mis enemigos hablan de mí, Y los que acechan mi alma consultaron juntamente,

¹¹ Diciendo: Dios lo ha desamparado; Perseguidle y tomadle, porque no hay quien le libre.

¹² Oh Dios, no te alejes de mí; Dios mío, acude pronto en mi socorro.

¹³ Sean avergonzados, perezcan los adversarios de mi alma; Sean cubiertos de verg:uenza y de confusión los que mi mal buscan.

¹⁴ Mas yo esperaré siempre, Y te alabaré más y más.

¹⁵ Mi boca publicará tu justicia Y tus hechos de salvación todo el día, Aunque no sé su número.

¹⁶ Vendré a los hechos poderosos de Jehová el Señor; Haré memoria de tu justicia, de la tuya sola.

¹⁷ Oh Dios, me enseñaste desde mi juventud, Y hasta ahora he manifestado tus maravillas.

¹⁸ Aun en la vejez y las canas, oh Dios, no me desampares, Hasta que anuncie tu poder a la posteridad, Y tu potencia a todos los que han de venir,

¹⁹ Y tu justicia, oh Dios, hasta lo excelso. Tú has hecho grandes cosas; Oh Dios, ¿quién como tú?

²⁰ Tú, que me has hecho ver muchas angustias y males, Volverás a darme vida, Y de nuevo me levantarás de los abismos de la tierra.

²¹ Aumentarás mi grandeza, Y volverás a consolarme.

²² Asimismo yo te alabaré con instrumento de salterio, Oh Dios mío; tu verdad cantaré a ti en el arpa, Oh Santo de Israel.

²³ Mis labios se alegrarán cuando cante a ti, Y mi alma, la cual redimiste.

²⁴ Mi lengua hablará también de tu justicia todo el día; Por cuanto han sido avergonzados, porque han sido confundidos los que mi mal procuraban.

# Salmo 75

*La conexión entre la cercanía del nombre de*
*Dios y que las personas hablen de sus obras*
*puede entenderse de dos maneras.*
*Tal vez significa que quienes adoran el nombre*
*de Dios empiezan a hablar, naturalmente,*
*de las grandes cosas que ha hecho.*
*O tal vez es al revés: todos los que recuerdan las*
*maravillosas acciones de Dios no pueden más que*
*dar gracias porque él permanezca tan cerca.*

¹ ALABARÉMOSTE, oh Dios, alabaremos; Que cercano está tu nombre: Cuenten tus maravillas.
² Cuando yo tuviere tiempo, Yo juzgaré rectamente.
³ Arruinábase la tierra y sus moradores: Yo sostengo sus columnas. (Selah.)
⁴ Dije á los insensatos: No os infatuéis; Y á los impíos: No levantéis el cuerno:
⁵ No levantéis en alto vuestro cuerno; No habléis con cerviz erguida.
⁶ Porque ni de oriente, ni de occidente, Ni del desierto viene el ensalzamiento.
⁷ Mas Dios es el juez: A éste abate, y á aquel ensalza.
⁸ Porque el cáliz está en la mano de Jehová, y el vino es tinto, Lleno de mistura; y él derrama del mismo: Ciertamente sus heces chuparán y beberán todos los impíos de la tierra.
⁹ Mas yo anunciaré siempre, Cantaré alabanzas al Dios de Jacob.
¹⁰ Y quebraré todos los cuernos de los pecadores: Los cuernos del justo serán ensalzados.

# Salmo 77

*Con renovado entusiasmo, el salmista empieza
a recordar una de las mayores liberaciones de
Dios: el éxodo del pueblo hebreo desde Egipto.
No había sombra de duda: Dios
había estado con su pueblo.
Por tanto, cualquier duda sobre Dios está infundada.
Él sigue siendo un Dios de poder y
amor que liberará a su pueblo.*

¹CON mi voz clamé á Dios, A Dios clamé, y él me escuchará.

²Al Señor busqué en el día de mi angustia: Mi mal corría de noche y no cesaba: Mi alma rehusaba consuelo.

³Acordábame de Dios, y gritaba: Quejábame, y desmayaba mi espíritu. (Selah.)

⁴Tenías los párpados de mis ojos: Estaba yo quebrantado, y no hablaba.

⁵Consideraba los días desde el principio, Los años de los siglos.

⁶Acordábame de mis canciones de noche; Meditaba con mi corazón, Y mi espíritu inquiría.

⁷¿Desechará el Señor para siempre, Y no volverá más á amar?

⁸¿Hase acabado para siempre su misericordia? ¿Hase acabado la palabra suya para generación y generación?

⁹¿Ha olvidado Dios el tener misericordia? ¿Ha encerrado con ira sus piedades? (Selah.)

¹⁰Y dije: Enfermedad mía es esta; Traeré pues á la memoria los años de la diestra del Altísimo.

¹¹ Acordaréme de las obras de JAH: Sí, haré yo memoria de tus maravillas antiguas.

¹² Y meditaré en todas tus obras, Y hablaré de tus hechos.

¹³ Oh Dios, en santidad es tu camino: ¿Qué Dios grande como el Dios nuestro?

¹⁴ Tú eres el Dios que hace maravillas: Tú hiciste notoria en los pueblos tu fortaleza.

¹⁵ Con tu brazo redimiste á tu pueblo, A los hijos de Jacob y de José. (Selah.)

¹⁶ Viéronte las aguas, oh Dios; Viéronte las aguas, temieron; Y temblaron los abismos.

¹⁷ Las nubes echaron inundaciones de aguas; Tronaron los cielos, Y discurrieron tus rayos.

¹⁸ Anduvo en derredor el sonido de tus truenos; Los relámpagos alumbraron el mundo; Estremecióse y tembló la tierra.

¹⁹ En la mar fué tu camino, Y tus sendas en las muchas aguas; Y tus pisadas no fueron conocidas.

²⁰ Condujiste á tu pueblo como ovejas, Por mano de Moisés y de Aarón.

# SALMO 84

*Después de que alguien haya experimentado
una rica y gratificante relación con Dios,
su perspectiva de la vida cambia.
El salmo 84 es una expresión de anhelo por parte del
salmista de estar y de permanecer cerca de Dios.
Los primeros versículos parecen centrarse
en el edificio del templo con sus atrios,
aunque hacia el final del salmo queda claro que es la
presencia de Dios mismo la que el escritor desea.*

¹¡CUAN amables son tus moradas, oh Jehová de los ejércitos!
²Codicia y aun ardientemente desea mi alma los atrios de Jehová: Mi corazón y mi carne cantan al Dios vivo.
³Aun el gorrión halla casa, Y la golondrina nido para sí, donde ponga sus pollos En tus altares, oh Jehová de los ejércitos, Rey mío, y Dios mío.
⁴Bienaventurados los que habitan en tu casa: Perpetuamente te alabarán (Selah.)
⁵Bienaventurado el hombre que tiene su fortaleza en ti; En cuyo corazón están tus caminos.
⁶Atravesando el valle de Baca pónenle por fuente, Cuando la lluvia llena los estanques.
⁷Irán de fortaleza en fortaleza, Verán á Dios en Sión.
⁸Jehová Dios de los ejércitos, oye mi oración: Escucha, oh Dios de Jacob (Selah.)
⁹Mira, oh Dios, escudo nuestro, Y pon los ojos en el rostro de tu ungido.

<sup>10</sup> Porque mejor es un día en tus atrios que mil fuera de ellos: Escogería antes estar á la puerta de la casa de mi Dios, Que habitar en las moradas de maldad.

<sup>11</sup> Porque sol y escudo es Jehová Dios: Gracia y gloria dará Jehová: No quitará el bien á los que en integridad andan.

<sup>12</sup> Jehová de los ejércitos, Dichoso el hombre que en ti confía.

## Salmo 86

*Como Dios ha sido lento para enojarse con David en el pasado, tal vez el salmista puede entender por qué no condena de inmediato a otros que se comportan de forma pecaminosa. Por ello, en lugar de pedir la rápida eliminación de sus enemigos, David le pide a Dios que haga algo bueno para él y que ellos puedan verlo; tal vez se avergüencen y se arrepientan.*

*Mientras tanto, David confía en la fuerza, la liberación, la ayuda y el consuelo divinos.*

<sup>1</sup> INCLINA, oh Jehová, tu oído, y óyeme; Porque estoy afligido y menesteroso.

<sup>2</sup> Guarda mi alma, porque soy pío: Salva tú, oh Dios mío, á tu siervo que en ti confía.

<sup>3</sup> Ten misericordia de mí, oh Jehová: Porque á ti clamo todo el día.

<sup>4</sup> Alegra el alma de tu siervo: Porque á ti, oh Señor, levanto mi alma.

<sup>5</sup> Porque tú, Señor, eres bueno y perdonador, Y grande en misericordia para con todos los que te invocan.

<sup>6</sup> Escucha, oh Jehová, mi oración, Y está atento á la voz de mis ruegos.

⁷En el día de mi angustia te llamaré: Porque tú me responde.

⁸Oh Señor, ninguno hay como tú entre los dioses, Ni obras que igualen tus obras.

⁹Todas las gentes que hiciste vendrán y se humillarán delante de ti, Señor; Y glorificarán tu nombre.

¹⁰Porque tú eres grande, y hacedor de maravillas: Tú solo eres Dios.

¹¹Enséñame, oh Jehová, tu camino; caminaré yo en tu verdad: Consolida mi corazón para que tema tu nombre.

¹²Te alabaré, oh Jehová Dios mío, con todo mi corazón; Y glorificaré tu nombre para siempre.

¹³Porque tu misericordia es grande para conmigo; Y has librado mi alma del hoyo profundo.

¹⁴Oh Dios, soberbios se levantaron contra mí, Y conspiración de fuertes ha buscado mi alma, Y no te pusieron delante de sí.

¹⁵Mas tú, Señor, Dios misericordioso y clemente, Lento para la ira, y grande en misericordia y verdad;

¹⁶Mírame, y ten misericordia de mí: Da tu fortaleza á tu siervo, Y guarda al hijo de tu sierva.

¹⁷Haz conmigo señal para bien, Y veánla los que me aborrecen, y sean avergonzados; Porque tú, Jehová, me ayudaste, y me consolaste.

# Salmo 89

*El mensaje positivo del versículo 52
no forma parte del salmo.
Este versículo final es una doxología insertada
a modo de conclusión para el Libro III.
Siguiendo el lamento que pone fin al salmo
89, es un añadido que se agradece.*

¹ LAS misericordias de Jehová cantaré perpetuamente; En generación y generación haré notoria tu verdad con mi boca.

² Porque dije: Para siempre será edificada misericordia; En los mismos cielos apoyarás tu verdad.

³ Hice alianza con mi escogido; Juré á David mi siervo: diciendo.

⁴ Para siempre confirmaré tu simiente, Y edificaré tu trono por todas las generaciones. (Selah.)

⁵ Y celebrarán los cielos tu maravilla, oh Jehová; Tu verdad también en la congregación de los santos.

⁶ Porque ¿quién en los cielos se igualará con Jehová? ¿Quién será semejante á Jehová entre los hijos de los potentados?

⁷ Dios terrible en la grande congregación de los santos, Y formidable sobre todos cuantos están alrededor suyo.

⁸ Oh Jehová, Dios de los ejércitos, ¿Quién como tú? Poderoso eres, Jehová, Y tu verdad está en torno de ti.

⁹ Tú tienes dominio sobre la bravura de la mar: Cuando se levantan sus ondas, tú las sosiegas.

¹⁰ Tú quebrantaste á Rahab como á un muerto: Con el brazo de tu fortaleza esparciste á tus enemigos.

¹¹Tuyos los cielos, tuya también la tierra: El mundo y su plenitud, tú lo fundaste.

¹²Al aquilón y al austro tú los criaste: Tabor y Hermón cantarán en tu nombre.

¹³Tuyo el brazo con valentía; Fuerte es tu mano, ensalzada tu diestra.

¹⁴Justicia y juicio son el asiento de tu trono: Misericordia y verdad van delante de tu rostro.

¹⁵Bienaventurado el pueblo que sabe aclamarte: Andarán, oh Jehová, á la luz de tu rostro.

¹⁶En tu nombre se alegrarán todo el día; Y en tu justicia serán ensalzados.

¹⁷Porque tú eres la gloria de su fortaleza; Y por tu buena voluntad ensalzarás nuestro cuerno.

¹⁸Porque Jehová es nuestro escudo; Y nuestro rey es el Santo de Israel.

¹⁹Entonces hablaste en visión á tu santo, Y dijiste: Yo he puesto el socorro sobre valiente; He ensalzado un escogido de mi pueblo.

²⁰Hallé á David mi siervo; Ungílo con el aceite de mi santidad.

²¹Mi mano será firme con él, Mi brazo también lo fortificará.

²²No lo avasallará enemigo, Ni hijo de iniquidad lo quebrantará.

²³Mas yo quebrantaré delante de él á sus enemigos, Y heriré á sus aborrecedores.

²⁴Y mi verdad y mi misericordia serán con él; Y en mi nombre será ensalzado su cuerno.

²⁵Asimismo pondré su mano en la mar, Y en los ríos su diestra.

**26** El me llamará: Mi padre eres tú, Mi Dios, y la roca de mi salud.

**27** Yo también le pondré por primogénito, Alto sobre los reyes de la tierra.

**28** Para siempre le conservaré mi misericordia; Y mi alianza será firme con él.

**29** Y pondré su simiente para siempre, Y su trono como los días de los cielos.

**30** Si dejaren sus hijos mi ley, Y no anduvieren en mis juicios;

**31** Si profanaren mis estatutos, Y no guardaren mis mandamientos;

**32** Entonces visitaré con vara su rebelión, Y con azotes sus iniquidades.

**33** Mas no quitaré de él mi misericordia, Ni falsearé mi verdad.

**34** No olvidaré mi pacto, Ni mudaré lo que ha salido de mis labios.

**35** Una vez he jurado por mi santidad, Que no mentiré á David.

**36** Su simiente será para siempre, Y su trono como el sol delante de mí.

**37** Como la luna será firme para siempre, Y como un testigo fiel en el cielo. (Selah.)

**38** Mas tú desechaste y menospreciaste á tu ungido; Y te has airado con él.

**39** Rompiste el pacto de tu siervo; Has profanado su corona hasta la tierra.

**40** Aportillaste todos sus vallados; Has quebrantado sus fortalezas.

**41** Menoscabáronle todos los que pasaron por el camino: Es oprobio á sus vecinos.

⁴²Has ensalzado la diestra de sus enemigos; Has alegrado á todos sus adversarios.

⁴³Embotaste asimismo el filo de su espada, Y no lo levantaste en la batalla.

⁴⁴Hiciste cesar su brillo, Y echaste su trono por tierra.

⁴⁵Has acortado los días de su juventud; Hasle cubierto de afrenta. (Selah.)

⁴⁶¿Hasta cuándo, oh Jehová? ¿te esconderás para siempre? ¿Arderá tu ira como el fuego?

⁴⁷Acuérdate de cuán corto sea mi tiempo: ¿Por qué habrás criado en vano á todos los hijos del hombre?

⁴⁸¿Qué hombre vivirá y no verá muerte? ¿Librarás su vida del poder del sepulcro? (Selah.)

⁴⁹Señor, ¿dónde están tus antiguas misericordias, Que juraste á David por tu verdad?

⁵⁰Señor, acuérdate del oprobio de tus siervos; Oprobio que llevo yo en mi seno de muchos pueblos.

⁵¹Porque tus enemigos, oh Jehová, han deshonrado, Porque tus enemigos han deshonrado los pasos de tu ungido.

⁵²Bendito Jehová para siempre. Amén, y Amén.

*Si la vida humana no es más que un día dentro
de la estructura divina del tiempo, entonces que
empiece la mañana con el infalible amor de Dios,
cuyo resultado es gozo y felicidad duraderos.*

[1] SEÑOR, tú nos has sido refugio De generación en generación.

[2] Antes que naciesen los montes Y formases la tierra y el mundo, Desde el siglo y hasta el siglo, tú eres Dios.

[3] Vuelves al hombre hasta ser quebrantado, Y dices: Convertíos, hijos de los hombres.

[4] Porque mil años delante de tus ojos Son como el día de ayer, que pasó, Y como una de las vigilias de la noche.

[5] Los arrebatas como con torrente de aguas; son como sueño, Como la hierba que crece en la mañana.

[6] En la mañana florece y crece; A la tarde es cortada, y se seca.

[7] Porque con tu furor somos consumidos, Y con tu ira somos turbados.

[8] Pusiste nuestras maldades delante de ti, Nuestros yerros a la luz de tu rostro.

[9] Porque todos nuestros días declinan a causa de tu ira; Acabamos nuestros años como un pensamiento.

[10] Los días de nuestra edad son setenta años; Y si en los más robustos son ochenta años, Con todo, su fortaleza es molestia y trabajo, Porque pronto pasan, y volamos.

[11] ¿Quién conoce el poder de tu ira, Y tu indignación según que debes ser temido?

¹² Enséñanos de tal modo a contar nuestros días, Que traigamos al corazón sabiduría.

¹³ Vuélvete, oh Jehová; ¿hasta cuándo? Y aplácate para con tus siervos.

¹⁴ De mañana sácianos de tu misericordia, Y cantaremos y nos alegraremos todos nuestros días.

¹⁵ Alégranos conforme a los días que nos afligiste, Y los años en que vimos el mal.

¹⁶ Aparezca en tus siervos tu obra, Y tu gloria sobre sus hijos.

¹⁷ Sea la luz de Jehová nuestro Dios sobre nosotros, Y la obra de nuestras manos confirma sobre nosotros; Sí, la obra de nuestras manos confirma.

## SALMO 91

*Dios ama a las personas, y algunas escogen devolver su amor, impulsando el rescate y la protección divinas. Cuando claman a Dios, él responde. Cuando golpea la aflicción, él los libera. Y, como resultado, estas personas tienden a experimentar vidas más largas y satisfactorias.*

¹ EL que habita al abrigo del Altísimo, Morará bajo la sombra del Omnipotente.

² Diré yo á Jehová: Esperanza mía, y castillo mío; Mi Dios, en él confiaré.

³ Y él te librará del lazo del cazador: De la peste destruidora.

⁴ Con sus plumas te cubrirá, Y debajo de sus alas estarás seguro: Escudo y adarga es su verdad.

⁵ No tendrás temor de espanto nocturno, Ni de saeta que vuele de día;

⁶ Ni de pestilencia que ande en oscuridad, Ni de mortandad que en medio del día destruya.

⁷ Caerán á tu lado mil, Y diez mil á tu diestra: Mas á ti no llegará.

⁸ Ciertamente con tus ojos mirarás, Y verás la recompensa de los impíos.

⁹ Porque tú has puesto á Jehová, que es mi esperanza. Al Altísimo por tu habitación,

¹⁰ No te sobrevendrá mal, Ni plaga tocará tu morada.

¹¹ Pues que á sus ángeles mandará acerca de ti, Que te guarden en todos tus caminos.

¹² En las manos te llevarán, Porque tu pie no tropiece en piedra.

¹³ Sobre el león y el basilisco pisarás; Hollarás al cachorro del león y al dragón.

¹⁴ Por cuanto en mí ha puesto su voluntad, yo también lo libraré: Pondrélo en alto, por cuanto ha conocido mi nombre.

¹⁵ Me invocará, y yo le responderé: Con él estaré yo en la angustia: Lo libraré, y le glorificaré.

¹⁶ Saciarélo de larga vida, Y mostraréle mi salud.

*La expresión poética del escritor puede
resultar confusa a los oídos modernos.
La idea del versículo 2 no consiste en separar el
amor de Dios de su fidelidad ni apartar tiempos
distintos para reconocer cada una de estas cosas.
Más bien diríamos que el amor y la fidelidad divinos
están entretejidos, y que las personas deberían proclamar
ambas cosas todo el tiempo (mañana y noche).*

¹ BUENO es alabar á Jehová, Y cantar salmos á tu nombre, oh Altísimo;

² Anunciar por la mañana tu misericordia, Y tu verdad en las noches,

³ En el decacordio y en el salterio, En tono suave con el arpa.

⁴ Por cuanto me has alegrado, oh Jehová, con tus obras; En las obras de tus manos me gozo.

⁵ Cuán grandes son tus obras, oh Jehová! Muy profundos son tus pensamientos.

⁶ El hombre necio no sabe, Y el insensato no entiende esto:

⁷ Que brotan los impíos como la hierba, Y florecen todos los que obran iniquidad, Para ser destruídos para siempre.

⁸ Mas tú, Jehová, para siempre eres Altísimo.

⁹ Porque he aquí tus enemigos, oh Jehová, Porque he aquí, perecerán tus enemigos; Serán disipados todos los que obran maldad.

¹⁰ Empero tú ensalzarás mi cuerno como el de unicornio: Seré ungido con aceite fresco.

¹¹ Y mirarán mis ojos sobre mis enemigos: Oirán mis oídos de los que se levantaron contra mí, de los malignos.

¹² El justo florecerá como la palma: Crecerá como cedro en el Líbano.

¹³ Plantados en la casa de Jehová, En los atrios de nuestro Dios florecerán.

¹⁴ Aun en la vejez fructificarán; Estarán vigorosos y verdes;

¹⁵ Para anunciar que Jehová mi fortaleza es recto. Y que en él no hay injusticia.

## SALMO 93

*Independientemente de las diversas formas de gobierno humano, la verdad de la cuestión se encuentra en el versículo 1: El Señor reina. Los monarcas humanos pueden ser identificados por su forma de vestir; la vestidura real de Dios es su majestad.*
*No necesita más arma que su propia fuerza. Su reino (el mundo) es inconmovible.*
*Su derecho a reinar está establecido desde la eternidad; siempre ha existido y siempre existirá.*

¹ JEHOVA reina, vistióse de magnificencia, Vistióse Jehová, ciñose de fortaleza; Afirmó también el mundo, que no se moverá.

² Firme es tu trono desde entonces: Tú eres eternalmente.

³ Alzaron los ríos, oh Jehová, Alzaron los ríos su sonido; Alzaron los ríos sus ondas.

⁴Jehová en las alturas es más poderoso Que el estruendo de las muchas aguas, Más que las recias ondas de la mar.

⁵Tus testimonios son muy firmes: La santidad conviene á tu casa, Oh Jehová, por los siglos y para siempre.

# Salmo 95

*Para cualquiera que haya recibido una crianza
monoteísta, los versículos 3-6 pueden parecer
declaraciones obvias: Dios gobierna las alturas
y las profundidades, las tierras y los mares de
todo el mundo. Sin embargo, este concepto habría
resultado desconcertante para muchas de las
naciones que rodeaban a Israel, y que tenían
dioses de los montes, dioses de los mares, etc.*

¹ VENID, celebremos alegremente á Jehová:
Cantemos con júbilo á la roca de nuestra salud.
² Lleguemos ante su acatamiento con alabanza;
Aclamémosle con cánticos.
³ Porque Jehová es Dios grande; Y Rey grande sobre
todos los dioses.
⁴ Porque en su mano están las profundidades de la
tierra, Y las alturas de los montes son suyas.
⁵ Suya también la mar, pues él la hizo; Y sus manos
formaron la seca.
⁶ Venid, adoremos y postrémonos; Arrodillémonos
delante de Jehová nuestro hacedor.
⁷ Porque él es nuestro Dios; Nosotros el pueblo de su
dehesa, y ovejas de su mano. Si hoy oyereis su voz,
⁸ No endurezcáis vuestro corazón como en Meriba,
Como el día de Masa en el desierto;
⁹ Donde me tentaron vuestros padres, Probáronme, y
vieron mi obra.
¹⁰ Cuarenta años estuve disgustado con la nación,
Y dije: Pueblo es que divaga de corazón, Y no han
conocido mis caminos.

<sup>11</sup> Por tanto juré en mi furor Que no entrarían en mi reposo.

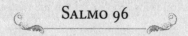

## SALMO 96

*Ciertamente juzgará Dios a la tierra, y*
*aquellos que se han consagrado a su justicia*
*y su verdad no tienen nada que temer.*
*La naturaleza misma —cielos, tierra, campos*
*y árboles— celebrarán la justicia de Dios.*

<sup>1</sup> CANTAD á Jehová canción nueva; Cantad á Jehová, toda la tierra.

<sup>2</sup> Cantad á Jehová, bendecid su nombre: Anunciad de día en día su salud.

<sup>3</sup> Contad entre las gentes su gloria, En todos los pueblos sus maravillas.

<sup>4</sup> Porque grande es Jehová, y digno de suprema alabanza; Terrible sobre todos los dioses.

<sup>5</sup> Porque todos los dioses de los pueblos son ídolos: Mas Jehová hizo los cielos.

<sup>6</sup> Alabanza y magnificencia delante de él: Fortaleza y gloria en su santuario.

<sup>7</sup> Dad á Jehová, oh familias de los pueblos, Dad á Jehová la gloria y la fortaleza.

<sup>8</sup> Dad á Jehová la honra debida á su nombre: Tomad presentes, y venid á sus atrios.

<sup>9</sup> Encorvaos á Jehová en la hermosura de su santuario: Temed delante de él, toda la tierra.

<sup>10</sup> Decid en las gentes: Jehová reinó, También afirmó el mundo, no será conmovido: Juzgará á los pueblos en justicia.

¹¹ Alégrense los cielos, y gócese la tierra: Brame la mar y su plenitud.

¹² Regocíjese el campo, y todo lo que en él está: Entonces todos los árboles del bosque rebosarán de contento.

¹³ Delante de Jehová que vino: Porque vino á juzgar la tierra. Juzgará al mundo con justicia, Y á los pueblos con su verdad.

## SALMO 97

*La descripción que el salmista hace de Dios
da pruebas de su indiscutible autoridad.
Con un fundamento de rectitud y justicia, el
Señor está rodeado por espesas y oscuras nubes.
También está cercado de fuego que destruye
a quienes intentan oponerse a él.
Su presencia va acompañada por relámpagos
que producen miedo a todos los que los ven.
Todas las naciones son testigos de su gloria.
Se dice que hasta los montes y los cielos se
rinden ante el poder y la justicia de Dios.*

¹ JEHOVA reinó: regocíjese la tierra: Alégrense las muchas islas.

² Nube y oscuridad alrededor de él: Justicia y juicio son el asiento de su trono.

³ Fuego irá delante de él, Y abrasará en derredor sus enemigos.

⁴ Sus relámpagos alumbraron el mundo: La tierra vió, y estremecióse.

⁵ Los montes se derritieron como cera delante de Jehová, Delante del Señor de toda la tierra.

⁶ Los cielos denunciaron su justicia, Y todos los pueblos vieron su gloria.

⁷ Avergüéncense todos los que sirven á las imágenes de talla, Los que se alaban de los ídolos: Los dioses todos á él se encorven.

⁸ Oyó Sión, y alegróse; Y las hijas de Judá, Oh Jehová, se gozaron por tus juicios.

⁹ Porque tú, Jehová, eres alto sobre toda la tierra: Eres muy ensalzado sobre todos los dioses.

¹⁰ Los que á Jehová amáis, aborreced el mal: Guarda él las almas de sus santos; De mano de los impíos los libra.

¹¹ Luz está sembrada para el justo, Y alegría para los rectos de corazón.

¹² Alegraos, justos, en Jehová: Y alabad la memoria de su santidad.

## Salmo 98

*Las personas, y la naturaleza por igual, deben
responder con gozo a la obra de Dios.
Según el versículo 1, él ya ha hecho cosas
increíbles, pero su obra no está acabada.
Todo el mundo puede esperar el día en que él
venga como juez, trayendo rectitud y justicia.
Mientras esperamos ese día, lo adecuado
es que nos gocemos y cantemos.*

¹ CANTAD á Jehová canción nueva; Porque ha hecho maravillas: Su diestra lo ha salvado, y su santo brazo.

² Jehová ha hecho notoria su salud: En ojos de las gentes ha descubierto su justicia.

³ Hase acordado de su misericordia y de su verdad para con la casa de Israel: Todos los términos de la tierra han visto la salud de nuestro Dios.

⁴ Cantad alegres á Jehová, toda la tierra; Levantad la voz, y aplaudid, y salmead.

⁵ Salmead á Jehová con arpa; Con arpa y voz de cántico.

⁶ Aclamad con trompetas y sonidos De bocina delante del rey Jehová.

⁷ Brame la mar y su plenitud; El mundo y los que en él habitan;

⁸ Los ríos batan las manos; Los montes todos hagan regocijo,

⁹ Delante de Jehová; porque vino á juzgar la tierra: Juzgará al mundo con justicia, Y á los pueblos con rectitud.

## SALMO 100

*Las personas tienen buenas razones para alabar a Dios.
Para empezar, él es Dios —el solo y único Señor
soberano—, hecho que debe ser reconocido.
Además, es el Creador. La humanidad creada
debería identificarse con su Creador.
Aparte de esto, Dios inició una relación
de amor con su pueblo.
No solo son seres creados abandonados a
valérselas por sí solos; sino que siguen estando
al cuidado de Dios como ovejas de su prado.*

¹ CANTAD alegres á Dios, habitantes de toda la tierra.

² Servid á Jehová con alegría: Venid ante su acatamiento con regocijo.

³ Reconoced que Jehová él es Dios: El nos hizo, y no nosotros á nosotros mismos. Pueblo suyo somos, y ovejas de su prado.

⁴ Entrad por sus puertas con reconocimiento, Por sus atrios con alabanza: Alabadle, bendecid su nombre.

⁵ Porque Jehová es bueno: para siempre es su misericordia, Y su verdad por todas las generaciones.

## SALMO 101

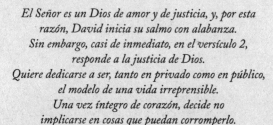

*El Señor es un Dios de amor y de justicia, y, por esta razón, David inicia su salmo con alabanza.
Sin embargo, casi de inmediato, en el versículo 2, responde a la justicia de Dios.
Quiere dedicarse a ser, tanto en privado como en público, el modelo de una vida irreprensible.
Una vez íntegro de corazón, decide no implicarse en cosas que puedan corromperlo.*

¹ MISERICORDIA y juicio cantaré: A ti cantaré yo, oh Jehová.

² Entenderé en el camino de la perfección Cuando vinieres á mí: En integridad de mi corazón andaré en medio de mi casa.

³ No pondré delante de mis ojos cosa injusta: Aborrezco la obra de los que se desvían: Ninguno de ellos se allegará á mí.

⁴ Corazón perverso se apartará de mí; No conoceré al malvado.

⁵ Al que solapadamente infama á su prójimo, yo le cortaré; No sufriré al de ojos altaneros, y de corazón vanidoso.

⁶ Mis ojos pondré en los fieles de la tierra, para que estén conmigo: El que anduviere en el camino de la perfección, éste me sevirá.

⁷ No habitará dentro de mi casa el que hace fraude: El que habla mentiras no se afirmará delante de mis ojos.

⁸ Por las mañanas cortaré á todos los impíos de la tierra; Para extirpar de la ciudad de Jehová á todos los que obraren iniquidad.

## Salmo 103

*David toma conciencia de que el
Señor es un Dios perdonador.
En ocasiones, las iniquidades de las personas
habían provocado su ira, pero había quedado
bien claro que él es lento para el enojo y que
muestra misericordia para con su pueblo.
La ira de Dios tiende a llamar la atención de las
personas cuando ninguna otra cosa lo consigue,
pero el salmista indica que el enojo divino es tan
evidente como su compasión, su gracia y su amor.*

¹ BENDICE, alma mía á Jehová; Y bendigan todas mis entrañas su santo nombre.

² Bendice, alma mía, á Jehová, Y no olvides ninguno de sus beneficios.

³ El es quien perdona todas tus iniquidades, El que sana todas tus dolencias;

⁴El que rescata del hoyo tu vida, El que te corona de favores y misericordias;

⁵El que sacia de bien tu boca De modo que te rejuvenezcas como el águila.

⁶Jehová el que hace justicia Y derecho á todos los que padecen violencia.

⁷Sus caminos notificó á Moisés, Y á los hijos de Israel sus obras.

⁸Misericordioso y clemente es Jehová; Lento para la ira, y grande en misericordia.

⁹No contenderá para siempre, Ni para siempre guardará el enojo.

¹⁰No ha hecho con nosotros conforme á nuestras iniquidades; Ni nos ha pagado conforme á nuestros pecados.

¹¹Porque como la altura de los cielos sobre la tierra, Engrandeció su misericordia sobre los que le temen.

¹²Cuanto está lejos el oriente del occidente, Hizo alejar de nosotros nuestras rebeliones.

¹³Como el padre se compadece de los hijos, Se compadece Jehová de los que le temen.

¹⁴Porque él conoce nuestra condición; Acuérdase que somos polvo.

¹⁵El hombre, como la hierba son sus días, Florece como la flor del campo.

¹⁶Que pasó el viento por ella, y pereció: Y su lugar no la conoce más.

¹⁷Mas la misericordia de Jehová desde el siglo y hasta el siglo sobre los que le temen, Y su justicia sobre los hijos de los hijos;

¹⁸Sobre los que guardan su pacto, Y los que se acuerdan de sus mandamientos para ponerlos por obra.

¹⁹ Jehová afirmó en los cielos su trono; Y su reino domina sobre todos.

²⁰ Bendecid á Jehová, vosotros sus ángeles, Poderosos en fortaleza, que ejecutáis su palabra, Obedeciendo á la voz de su precepto.

²¹ Bendecid á Jehová, vosotros todos sus ejércitos, Ministros suyos, que hacéis su voluntad.

²² Bendecid á Jehová, vosotras todas sus obras, En todos los lugares de su señorío. Bendice, alma mía á Jehová.

## SALMO 104

*La provisión de Dios sustenta todo el reino animal.
Su presencia consuela; su ausencia aterroriza.
Proporciona vida y determina la duración de esta, el
momento de regresar al polvo.
Y, por impresionante que sea su
creación, Dios es mucho mayor.*

¹ BENDICE, alma mía, á Jehová. Jehová, Dios mío, mucho te has engrandecido; Haste vestido de gloria y de magnificencia.

² El que se cubre de luz como de vestidura, Que extiende los cielos como una cortina;

³ Que establece sus aposentos entre las aguas; El que pone las nubes por su carroza, El que anda sobre las alas del viento;

⁴ El que hace á sus ángeles espíritus, Sus ministros al fuego flameante.

⁵ El fundó la tierra sobre sus basas; No será jamás removida.

⁶ Con el abismo, como con vestido, la cubriste; Sobre los montes estaban las aguas.

⁷ A tu reprensión huyeron; Al sonido de tu trueno se apresuraron;

⁸ Subieron los montes, descendieron los valles, Al lugar que tú les fundaste.

⁹ Pusísteles término, el cual no traspasarán; Ni volverán á cubrir la tierra.

¹⁰ Tú eres el que envías las fuentes por los arroyos; Van entre los montes.

¹¹ Abrevan á todas las bestias del campo: Quebrantan su sed los asnos montaraces.

¹² Junto á aquellos habitarán las aves de los cielos; Entre las ramas dan voces.

¹³ El que riega los montes desde sus aposentos: Del fruto de sus obras se sacia la tierra.

¹⁴ El que hace producir el heno para las bestias, Y la hierba para el servicio del hombre; Sacando el pan de la tierra.

¹⁵ Y el vino que alegra el corazón del hombre, Y el aceite que hace lucir el rostro, Y el pan que sustenta el corazón del hombre.

¹⁶ Llénanse de jugo los árboles de Jehová, Los cedros del Líbano que él plantó.

¹⁷ Allí anidan las aves; En las hayas hace su casa la cigüeña.

¹⁸ Los montes altos para las cabras monteses; Las peñas, madrigueras para los conejos.

¹⁹ Hizo la luna para los tiempos: El sol conoce su ocaso.

²⁰ Pone las tinieblas, y es la noche: En ella corretean todas las bestias de la selva.

²¹ Los leoncillos braman á la presa, Y para buscar de Dios su comida.

²² Sale el sol, recógense, Y échanse en sus cuevas.

²³ Sale el hombre á su hacienda, Y á su labranza hasta la tarde.

²⁴ Cuán muchas son tus obras, oh Jehová! Hiciste todas ellas con sabiduría: La tierra está llena de tus beneficios.

²⁵ Asimismo esta gran mar y ancha de términos: En ella pescados sin número, Animales pequeños y grandes.

²⁶ Allí andan navíos; Allí este leviathán que hiciste para que jugase en ella.

²⁷ Todos ellos esperan en ti, Para que les des su comida á su tiempo.

²⁸ Les das, recogen; Abres tu mano, hártanse de bien.

²⁹ Escondes tu rostro, túrbanse: Les quitas el espíritu, dejan de ser, Y tórnanse en su polvo.

³⁰ Envías tu espíritu, críanse: Y renuevas la haz de la tierra.

³¹ Sea la gloria de Jehová para siempre; Alégrese Jehová en sus obras;

³² El cual mira á la tierra, y ella tiembla; Toca los montes, y humean.

³³ A Jehová cantaré en mi vida: A mi Dios salmearé mientras viviere.

³⁴ Serme ha suave hablar de él: Yo me alegraré en Jehová.

³⁵ Sean consumidos de la tierra los pecadores, Y los impíos dejen de ser. Bendice, alma mía, á Jehová. Aleluya.

# SALMO 108

*Si pensamos en los salmos como cánticos, el salmo 108 es*
*un popurrí de los salmos 57 y 60.*
*Combinados como lo vemos aquí, el salmo es un*
*cántico de victoria para celebrar el incomparable*
*amor y la fidelidad de Dios, tal como se manifiesta*
*en la liberación de Israel de sus enemigos.*

¹ MI corazón está dispuesto, oh Dios; Cantaré y salmearé todavía en mi gloria.

² Despiértate, salterio y arpa: Despertaré al alba.

³ Te alabaré, oh Jehová, entre los pueblos; A ti cantaré salmos entre las naciones.

⁴ Porque grande más que los cielos es tu misericordia, Y hasta los cielos tu verdad.

⁵ Ensálzate, oh Dios, sobre los cielos; Y sobre toda la tierra tu gloria.

⁶ Para que sean librados tus amados, Salva con tu diestra y respóndeme.

⁷ Dios habló por su santuario: alegraréme, Repartiré á Sichêm, y mediré el valle de Succoth.

⁸ Mío es Galaad, mío es Manasés; Y Eprhaim es la fortaleza de mi cabeza; Judá es mi legislador;

⁹ Moab, la vasija de mi lavatorio: Sobre Edom echaré mi calzado; Regocijaréme sobre Palestina.

¹⁰ ¿Quién me guiará á la ciudad fortalecida? ¿Quién me guiará hasta Idumea?

¹¹ Ciertamente tú, oh Dios, que nos habías desechado; Y no salías, oh Dios, con nuestros ejércitos.

¹² Danos socorro en la angustia: Porque mentirosa es la salud del hombre.

¹³ En Dios haremos proezas; Y él hollará nuestros enemigos.

## SALMO 111

*Es posible que haya disminuido la intención original de la definición del término* memorable.
*Aquí, su sentido es que «inspira temor reverencial».
Cuando alguien empieza a comprender la santidad de Dios, el resultado es una profunda y temerosa reverencia.*

¹ ALABARÉ á Jehová con todo el corazón, En la compañía y congregación de los rectos.

² Grandes son las obras de Jehová; Buscadas de todos los que las quieren.

³ Gloria y hermosura es su obra; Y su justicia permanece para siempre.

⁴ Hizo memorables sus maravillas: Clemente y misericordioso es Jehová.

⁵ Dió mantenimiento á los que le temen; Para siempre se acordará de su pacto.

⁶ El poder de sus obras anunció á su pueblo, Dándole la heredad de las gentes.

⁷ Las obras de sus manos son verdad y juicio: Fieles son todos sus mandamientos;

⁸ Afirmados por siglo de siglo, Hechos en verdad y en rectitud.

⁹ Redención ha enviado á su pueblo; Para siempre ha ordenado su pacto: Santo y terrible es su nombre.

¹⁰ El principio de la sabiduría es el temor de Jehová: Buen entendimiento tienen cuantos ponen aquéllos por obra: Su loor permanece para siempre.

*El salmista acaba este salmo que, de otro modo,*
*sería positivo y edificante con una advertencia*
*para los que no buscan la justicia.*
*Los impíos serán testigos de la bondad de Dios*
*hacia los demás y se sentirán ofendidos.*
*Sus anhelos no serán cumplidos.*
*En lugar de alabar a Dios, harán crujir*
*sus dientes y se consumirán.*

¹ BIENAVENTURADO el hombre que teme á Jehová, Y en sus mandamientos se deleita en gran manera.

² Su simiente será poderosa en la tierra: La generación de los rectos será bendita.

³ Hacienda y riquezas hay en su casa; Y su justicia permanece para siempre.

⁴ Resplandeció en las tinieblas luz á los rectos: Es clemente, y misericordioso, y justo.

⁵ El hombre de bien tiene misericordia y presta; Gobierna sus cosas con juicio.

⁶ Por lo cual no resbalará para siempre: En memoria eterna será el justo.

⁷ De mala fama no tendrá temor: Su corazón está apercibido, confiado en Jehová.

⁸ Asentado está su corazón, no temerá, Hasta que vea en sus enemigos su deseo.

⁹ Esparce, da á los pobres: Su justicia permanece para siempre; Su cuerno será ensalzado en gloria.

¹⁰ Verálo el impío, y se despechará; Crujirá los dientes, y se repudrirá: Perecerá el deseo de los impíos.

*En contraste con el Dios poderoso y entronizado, toda la
humanidad es pobre, necesitada y estéril.
Por tanto, cuando las personas empiezan a entender que
el gran Dios del universo ha escogido estar activamente
implicado en sus vidas, deberían prestar atención a la
repetida exhortación del salmista a alabar al Señor.*

¹ ALABAD, siervos de Jehová, Alabad el nombre de
Jehová.

² Sea el nombre de Jehová bendito, Desde ahora y
para siempre.

³ Desde el nacimiento del sol hasta donde se pone,
Sea alabado el nombre de Jehová.

⁴ Alto sobre todas las naciones es Jehová; Sobre los
cielos su gloria.

⁵ ¿Quién como Jehová nuestro Dios, Que ha
enaltecido su habitación,

⁶ Que se humilla á mirar En el cielo y en la tierra?

⁷ El levanta del polvo al pobre, Y al menesteroso alza
del estiércol,

⁸ Para hacerlos sentar con los príncipes, Con los
príncipes de su pueblo.

⁹ El hace habitar en familia á la estéril, Gozosa en ser
madre de hijos. Aleluya.

# SALMO 115

*Casi todas las naciones circundantes adoraban ídolos
visuales y táctiles que les recordaban a sus dioses.
Los hacían tan realistas como les era posible. La
descripción del salmista en los versículos 5–7
es detallada con mención de ídolos con boca,
ojos, oídos, nariz, manos, pies y garganta.
Con todo, como aclara en el versículo 4,
estos son tallados por seres humanos, y son
totalmente inanimados e impotentes.*

¹ NO á nosotros, oh Jehová, no á nosotros, Sino á tu nombre da gloria; Por tu misericordia, por tu verdad.

² Por qué dirán las gentes: ¿Dónde está ahora su Dios?

³ Y nuestro Dios está en los cielos: Todo lo que quiso ha hecho.

⁴ Sus ídolos son plata y oro, Obra de manos de hombres.

⁵ Tienen boca, mas no hablarán; Tienen ojos, mas no verán;

⁶ Orejas tienen, mas no oirán; Tienen narices, mas no olerán;

⁷ Manos tienen, mas no palparán; Tienen pies, mas no andarán; No hablarán con su garganta.

⁸ Como ellos son los que los hacen; Cualquiera que en ellos confía.

⁹ Oh Israel, confía en Jehová: El es su ayuda y su escudo.

¹⁰ Casa de Aarón, confiad en Jehová: El es su ayuda y su escudo.

¹¹ Los que teméis á Jehová, confiad en Jehová: El es su ayuda y su escudo.

¹²Jehová se acordó de nosotros: nos bendecirá: Bendecirá á la casa de Israel; Bendecirá á la casa de Aarón.

¹³Bendecirá á los que temen á Jehová; A chicos y á grandes.

¹⁴Acrecentará Jehová bendición sobre vosotros; Sobre vosotros y sobre vuestros hijos.

¹⁵Benditos vosotros de Jehová, Que hizo los cielos y la tierra.

¹⁶Los cielos son los cielos de Jehová: Y ha dado la tierra á los hijos de los hombres.

¹⁷No alabarán los muertos á JAH, Ni cuantos descienden al silencio;

¹⁸Mas nosotros bendeciremos á JAH, Desde ahora para siempre. Aleluya.

## SALMO 116

*¿Quién si no Dios habría cambiado las lágrimas del salmista, su tropezar y su proximidad a la muerte en un caminar por la tierra de los vivos?*
*Al parecer, todos los demás habían carecido de fe en que Dios lo liberara, creando así gran desaliento en él.*
*Pero el salmista había creído y Dios le había restaurado la salud y la seguridad.*

¹AMO á Jehová, pues ha oído Mi voz y mis súplicas.

²Porque ha inclinado á mí su oído, Invocaré le por tanto en todos mis días.

³Rodeáronme los dolores de la muerte, Me encontraron las angustias del sepulcro: Angustia y dolor había yo hallado.

⁴Entonces invoqué el nombre de Jehová, diciendo: Libra ahora, oh Jehová, mi alma.

⁵Clemente es Jehová y justo; Sí, misericordioso es nuestro Dios.

⁶Jehová guarda á los sinceros: Estaba yo postrado, y salvóme.

⁷Vuelve, oh alma mía, á tu reposo; Porque Jehová te ha hecho bien.

⁸Pues tú has librado mi alma de la muerte, Mis ojos de lágrimas, Y mis pies de desbarrar.

⁹Andaré delante de Jehová En la tierra de los vivientes.

¹⁰Creí; por tanto hablé, Estando afligido en gran manera.

¹¹Y dije en mi apresuramiento: Todo hombre es mentiroso.

¹²¿Qué pagaré á Jehová Por todos sus beneficios para conmigo?

¹³Tomaré la copa de la salud, E invocaré el nombre de Jehová.

¹⁴Ahora pagaré mis votos á Jehová Delante de todo su pueblo.

¹⁵Estimada es en los ojos de Jehová La muerte de sus santos.

¹⁶Oh Jehová, que yo soy tu siervo, Yo tu siervo, hijo de tu sierva: Rompiste mis prisiones.

¹⁷Te ofreceré sacrificio de alabanza, E invocaré el nombre de Jehová.

¹⁸A Jehová pagaré ahora mis votos Delante de todo su pueblo;

¹⁹En los atrios de la casa de Jehová, En medio de ti, oh Jerusalem. Aleluya.

# Salmo 121

*El tema del salmo 121 es la protección de Dios.*
*Los peregrinajes podían ser viajes peligrosos con desafíos*
*geográficos y elementos criminales contra los que luchar.*
*Al levantar el salmista sus ojos hacia Jerusalén,*
*su destino, reconoce que su ayuda viene*
*de Dios que ha creado esos montes.*

¹ ALZARÉ mis ojos á los montes, De donde vendrá mi socorro.

² Mi socorro viene de Jehová, Que hizo los cielos y la tierra.

³ No dará tu pie al resbaladero; Ni se dormirá el que te guarda.

⁴ He aquí, no se adormecerá ni dormirá El que guarda á Israel.

⁵ Jehová es tu guardador: Jehová es tu sombra á tu mano derecha.

⁶ El sol no te fatigará de día, Ni la luna de noche.

⁷ Jehová te guardará de todo mal: El guardará tu alma.

⁸ Jehová guardará tu salida y tu entrada, Desde ahora y para siempre.

# Salmo 122

*Jerusalén significa «ciudad de paz», un título adecuado*
*en la época de David y Salomón, pero aquellos*
*que cantaban este salmo en el periodo siguiente al*
*exilio de Israel pronto entenderían lo turbulenta*
*que había sido la historia reciente de esa ciudad.*
*La llamada a orar pidiendo por la paz de Jerusalén tiene,*
*probablemente, más relevancia en los años posteriores.*

¹ YO me alegré con los que me decían: A la casa de Jehová iremos.

² Nuestros pies estuvieron En tus puertas, oh Jerusalem;

³ Jerusalem, que se ha edificado Como una ciudad que está bien unida entre sí.

⁴ Y allá subieron las tribus, las tribus de JAH, Conforme al testimonio dado á Israel, Para alabar el nombre de Jehová.

⁵ Porque allá están las sillas del juicio, Las sillas de la casa de David.

⁶ Pedid la paz de Jerusalem: Sean prosperados los que te aman.

⁷ Haya paz en tu antemuro, Y descanso en tus palacios.

⁸ Por amor de mis hermanos y mis compañeros Hablaré ahora paz de ti.

⁹ A causa de la casa de Jehová nuestro Dios, Buscaré bien para ti.

## SALMO 123

*Es habitual que los que están consagrados a Dios sufran ridículo o desdén de quienes no son creyentes. En tales casos, resulta difícil ignorar las mofas verbales. Aunque el salmista ha sido capaz de desviar su atención y fijar sus ojos en el Señor. Sin pensar en una venganza personal o a tomarse la justicia por su mano, deja el asunto en las manos de Dios.*

¹ A TI que habitas en los cielos, Alcé mis ojos.

² He aquí como los ojos de los siervos miran á la mano de sus señores, Y como los ojos de la sierva

á la mano de su señora; Así nuestros ojos miran á Jehová nuestro Dios, Hasta que haya misericordia de nosotros.

³ Ten misericordia de nosotros, oh Jehová, ten misericordia de nosotros; Porque estamos muy hartos de menosprecio.

⁴ Muy harta está nuestra alma Del escarnio de los holgados, Y del menosprecio de los soberbios.

## Salmo 127

*Se trate de la vida doméstica, de la seguridad nacional o del árbol familiar, debemos reconocer a Dios como la fuente de todo éxito y satisfacción.*

¹ SI Jehová no edificare la casa, En vano trabajan los que la edifican: Si Jehová no guardare la ciudad, En vano vela la guarda.

² Por demás os es el madrugar á levantaros, el veniros tarde á reposar, El comer pan de dolores: Pues que á su amado dará Dios el sueño.

³ He aquí, heredad de Jehová son los hijos: Cosa de estima el fruto del vientre.

⁴ Como saetas en mano del valiente, Así son los hijos habidos en la juventud.

⁵ Bienaventurado el hombre que hinchió su aljaba de ellos: No será avergonzado Cuando hablare con los enemigos en la puerta.

# Salmo 130

*El salmista comprende que Dios no es
un registrador celestial de ofensas; nadie
sería capaz de complacerle jamás.
Dios escogió perdonar los pecados de su
pueblo, y esto es un hecho asombroso.
La respuesta debería ser, pues, el temor reverente hacia
él; no acobardarse por pánico u horror, sino someterse
de buen grado a él en adoración y obediencia.*

¹ DE los profundos, oh Jehová, á ti clamo.

² Señor, oye mi voz; Estén atentos tus oídos A la voz de mi súplica.

³ JAH, si mirares á los pecados, ¿Quién, oh Señor, podrá mantenerse?

⁴ Empero hay perdón cerca de ti, Para que seas temido.

⁵ Esperé yo á Jehová, esperó mi alma; En su palabra he esperado.

⁶ Mi alma espera á Jehová Más que los centinelas á la mañana. Más que los vigilantes á la mañana.

⁷ Espere Israel á Jehová; Porque en Jehová hay misericordia. Y abundante redención con él.

⁸ Y él redimirá á Israel De todos sus pecados.

*Los versículos 6-7 son recordatorios de que el poder de
Dios se ve en toda la naturaleza: tierra, cielos y mares.
Las nubes, el viento, la lluvia y los relámpagos forman
parte de su maravilloso diseño. Pero Dios no está
limitado a obrar a través de la naturaleza. Él es un Dios
de milagros que desafían las propias leyes de esta. En los
versículos 8-9, el salmista recuerda las plagas enviadas
sobre Egipto, tal vez los milagros más conocidos de Dios.*

¹ ALABAD el nombre de Jehová; Alabad le, siervos
de Jehová;
² Los que estáis en la casa de Jehová, En los atrios de
la casa de nuestro Dios.
³ Alabad á JAH, porque es bueno Jehová: Cantad
salmos á su nombre, porque es suave.
⁴ Porque JAH ha escogido á Jacob para sí, A Israel por
posesión suya.
⁵ Porque yo se que Jehová es grande, Y el Señor
nuestro, mayor que todos los dioses.
⁶ Todo lo que quiso Jehová, ha hecho En los cielos y
en la tierra, en las mares y en todos los abismos.
⁷ El hace subir las nubes del cabo de la tierra; El hizo
los relámpagos para la lluvia; El saca los vientos de
sus tesoros.
⁸ El es el que hirió los primogénitos de Egipto, Desde
el hombre hasta la bestia.
⁹ Envió señales y prodigios en medio de ti, oh Egipto,
Sobre Faraón, y sobre todos sus siervos.
¹⁰ El que hirió muchas gentes, Y mató reyes
poderosos:

¹¹A Sehón rey Amorrheo, Y á Og rey de Basán, Y á todos los reinos de Canaán.

¹²Y dió la tierra de ellos en heredad, En heredad á Israel su pueblo.

¹³Oh Jehová, eterno es tu nombre; Tu memoria, oh Jehová para generación y generación.

¹⁴Porque juzgará Jehová su pueblo, Y arrepentiráse sobre sus siervos.

¹⁵Los ídolos de las gentes son plata y oro, Obra de manos de hombres.

¹⁶Tienen boca, y no hablan; Tienen ojos, y no ven;

¹⁷Tienen orejas, y no oyen; Tampoco hay espíritu en sus bocas.

¹⁸Como ellos son los que los hacen; Todos los que en ellos confían.

¹⁹Casa de Israel, bendecid á Jehová: Casa de Aarón, bendecid á Jehová:

²⁰Casa de Leví, bendecid á Jehová: Los que teméis á Jehová, bendecid á Jehová:

²¹Bendito de Sión Jehová, Que mora en Jerusalem. Aleluya.

*Existen muchas razones para darle gracias a Dios.
Pero al principio de la lista, tal como el salmista
les recuerda veintiséis veces a sus oyentes a lo
largo de este cántico, se debe dar gracias a Dios,
porque su amor permanece para siempre.*

¹ ALABAD á Jehová, porque es bueno; Porque para siempre es su misericordia.

² Alabad al Dios de los dioses, Porque para siempre es su misericordia.

³ Alabad al Señor de los señores, Porque para siempre es su misericordia.

⁴ Al solo que hace grandes maravillas, Porque para siempre es su misericordia.

⁵ Al que hizo los cielos con entendimiento, Porque para siempre es su misericordia.

⁶ Al que tendió la tierra sobre las aguas, Porque para siempre es su misericordia;

⁷ Al que hizo las grandes luminarias, Porque para siempre es su misericordia;

⁸ El sol para que dominase en el día, Porque para siempre es su misericordia;

⁹ La luna y las estrellas para que dominasen en la noche, Porque para siempre es su misericordia.

¹⁰ Al que hirió á Egipto en sus primogénitos, Porque para siempre es su misericordia.

¹¹ Al que sacó á Israel de en medio de ellos, Porque para siempre es su misericordia;

¹² Con mano fuerte, y brazo extendido, Porque para siempre es su misericordia.

¹³ Al que dividió el mar Bermejo en partes, Porque para siempre es su misericordia;

¹⁴ E hizo pasar á Israel por medio de él, Porque para siempre es su misericordia;

¹⁵ Y arrojó á Faraón y á su ejército en el mar Bermejo, Porque para siempre es su misericordia.

¹⁶ Al que pastoreó á su pueblo por el desierto, Porque para siempre es su misericordia.

¹⁷ Al que hirió grandes reyes, Porque para siempre es su misericordia;

¹⁸ Y mató reyes poderosos, Porque para siempre es su misericordia;

¹⁹ A Sehón rey Amorrheo, Porque para siempre es su misericordia,

²⁰ Y á Og rey de Basán, Porque para siempre es su misericordia;

²¹ Y dió la tierra de ellos en heredad, Porque para siempre es su misericordia;

²² En heredad á Israel su siervo, Porque para siempre es su misericordia.

²³ El es el que en nuestro abatimiento se acordó de nosotros, Porque para siempre es su misericordia;

²⁴ Y nos rescató de nuestros enemigos, Porque para siempre es su misericordia.

²⁵ El da mantenimiento á toda carne, Porque para siempre es su misericordia.

²⁶ Alabad al Dios de los cielos: Porque para siempre es su misericordia.

# Salmo 138

*Aunque Dios sea sumamente exaltado, siempre está
dispuesto a responder a los humildes, los que se humillan
y buscan su ayuda.
Sin embargo, los que intentan autoexaltarse en su orgullo
se pierden la ayuda compasiva y el sostén divinos.*

¹ ALABARTE he con todo mi corazón: Delante de
los dioses te cantaré salmos.

² Encorvaréme al templo de tu santuario, Y alabaré tu
nombre por tu misericordia y tu verdad: Porque has
hecho magnífico tu nombre, y tu dicho sobre todas
las cosas.

³ En el día que clamé, me respondiste; Esforzásteme
con fortaleza en mi alma.

⁴ Confesarte han, oh Jehová, todos los reyes de la
tierra, Cuando habrán oído los dichos de tu boca.

⁵ Y cantarán de los caminos de Jehová: Que la gloria
de Jehová es grande.

⁶ Porque el alto Jehová atiende al humilde; Mas al
altivo mira de lejos.

⁷ Si anduviere yo en medio de la angustia, tú me
vivificarás: Contra la ira de mis enemigos extenderás
tu mano, Y salvaráme tu diestra.

⁸ Jehová cumplirá por mí: Tu misericordia, oh Jehová,
es para siempre; No dejarás la obra de tus manos.

# Salmo 139

*Los versículos 23-24 ofrecen uno de los desafíos más fascinantes de las Escrituras.*
*Es indudable que, en ocasiones, David había cometido algunos pecados graves contra Dios.*
*Sin embargo, en este punto de su vida, es capaz de pedirle a Dios que examine sus acciones y sus pensamientos para intentar detectar cualquier cosa ofensiva o inadecuada.*
*Pocas personas llegan a un momento de su vida espiritual en el que consideren hacer semejante invitación.*

¹ OH Jehová, tú me has examinado y conocido.

² Tú has conocido mi sentarme y mi levantarme, Has entendido desde lejos mis pensamientos.

³ Mi senda y mi acostarme has rodeado, Y estás impuesto en todos mis caminos.

⁴ Pues aun no está la palabra en mi lengua, Y he aquí, oh Jehová, tú la sabes toda.

⁵ Detrás y delante me guarneciste, Y sobre mí pusiste tu mano.

⁶ Más maravillosa es la ciencia que mi capacidad; Alta es, no puedo comprenderla.

⁷ ¿Adónde me iré de tu espíritu? ¿Y adónde huiré de tu presencia?

⁸ Si subiere á los cielos, allí estás tú: Y si en abismo hiciere mi estrado, he aquí allí tú estás.

⁹ Si tomare las alas del alba, Y habitare en el extremo de la mar,

¹⁰ Aun allí me guiará tu mano, Y me asirá tu diestra.

¹¹ Si dijere: Ciertamente las tinieblas me encubrirán; Aun la noche resplandecerá tocante á mí.

¹² Aun las tinieblas no encubren de ti, Y la noche resplandece como el día: Lo mismo te son las tinieblas que la luz.

¹³ Porque tú poseiste mis riñones; Cubrísteme en el vientre de mi madre.

¹⁴ Te alabaré; porque formidables, maravillosas son tus obras: Estoy maravillado, Y mi alma lo conoce mucho.

¹⁵ No fué encubierto de ti mi cuerpo, Bien que en oculto fuí formado, Y compaginado en lo más bajo de la tierra.

¹⁶ Mi embrión vieron tus ojos, Y en tu libro estaban escritas todas aquellas cosas Que fueron luego formadas, Sin faltar una de ellas.

¹⁷ Así que cuán preciosos me son, oh Dios, tus pensamientos! Cuán multiplicadas son sus cuentas!

¹⁸ Si los cuento, multiplícanse más que la arena: Despierto, y aun estoy contigo.

¹⁹ De cierto, oh Dios, matarás al impío; Apartaos pues de mí, hombres sanguinarios.

²⁰ Porque blasfemias dicen ellos contra ti: Tus enemigos toman en vano tu nombre

²¹ ¿No tengo en odio, oh Jehová, á los que te aborrecen, Y me conmuevo contra tus enemigos?

²² Aborrézcolos con perfecto odio; Téngolos por enemigos.

²³ Examíname, oh Dios, y conoce mi corazón: Pruébame y reconoce mis pensamientos:

²⁴ Y ve si hay en mí camino de perversidad, Y guíame en el camino eterno.

*Las personas necesitadas se alegran de manera especial
por los dones de Dios. Él es amoroso, cumple sus
promesas, levanta al caído, provee alimento y es la
fuente que puede satisfacer todos los deseos. Por todas
estas razones y muchas más, David concluye su salmo
con una expresión final de alabanza a Dios, y con
la invitación a toda cosa viviente de unirse a él.*

¹ENSALZARTE he, mi Dios, mi Rey; Y bendeciré
tu nombre por siglo y para siempre.

²Cada día te bendeciré, Y alabaré tu nombre por siglo
y para siempre.

³Grande es Jehová y digno de suprema alabanza: Y su
grandeza es inescrutable.

⁴Generación á generación narrará tus obras, Y
anunciarán tus valentías.

⁵La hermosura de la gloria de tu magnificencia, Y tus
hechos maravillosos, hablaré.

⁶Y la terribilidad de tus valentías dirán los hombres;
Y yo recontaré tu grandeza.

⁷Reproducirán la memoria de la muchedumbre de tu
bondad, Y cantarán tu justicia.

⁸Clemente y misericordioso es Jehová, Lento para la
ira, y grande en misericordia.

⁹Bueno es Jehová para con todos; Y sus misericordia
sobre todas sus obras.

¹⁰Alábente, oh Jehová, todas tus obras; Y tus santos te
bendigan.

¹¹La gloria de tu reino digan, Y hablen de tu
fortaleza;

¹²Para notificar á los hijos de los hombre sus valentías, Y la gloria de la magnificencia de su reino.

¹³Tu reino es reino de todos los siglos, Y tu señorío en toda generación y generación.

¹⁴Sostiene Jehová á todos los que caen, Y levanta á todos los oprimidos.

¹⁵Los ojos de todos esperan en ti, Y tú les das su comida en su tiempo.

¹⁶Abres tu mano, Y colmas de bendición á todo viviente.

¹⁷Justo es Jehová en todos sus caminos, Y misericordioso en todas sus obras.

¹⁸Cercano está Jehová á todos los que le invocan, A todos los que le invocan de veras.

¹⁹Cumplirá el deseo de los que le temen; Oirá asimismo el clamor de ellos, y los salvará.

²⁰Jehová guarda á todos los que le aman; Empero destruirá á todos los impíos.

²¹La alabanza de Jehová hablará mi boca; Y bendiga toda carne su santo nombre por siglo y para siempre.

# Salmo 146

*Cuando las personas necesitan ayuda, tienen elección.*
*Pueden depender de otros o acudir a Dios.*
*Este salmo ofrece alabanza a Dios,*
*porque siempre es confiable.*

¹ ALABA, oh alma mía, á Jehová.

² Alabaré á Jehová en mi vida: Cantaré salmos á mi Dios mientras viviere.

³ No confiéis en los príncipes, Ni en hijo de hombre, porque no hay en él salud.

⁴ Saldrá su espíritu, tornaráse en su tierra: En aquel día perecerán sus pensamientos.

⁵ Bienaventurado aquel en cuya ayuda es el Dios de Jacob, Cuya esperanza es en Jehová su Dios:

⁶ El cual hizo los cielos y la tierra, La mar, y todo lo que en ellos hay; Que guarda verdad para siempre;

⁷ Que hace derecho á los agraviados; Que da pan á los hambrientos: Jehová suelta á los aprisionados;

⁸ Jehová abre los ojos á los ciegos; Jehová levanta á los caídos; Jehová ama á los justos.

⁹ Jehová guarda á los extranjeros; Al huérfano y á la viuda levanta; Y el camino de los impíos trastorna.

¹⁰ Reinará Jehová para siempre; Tu Dios, oh Sión, por generación y generación. Aleluya.

# Salmo 147

*El salmista le recuerda a todo el mundo que el mismo
Dios que los ayudó es Aquel que había creado, numerado
y puesto nombre a las estrellas.
Su entendimiento y su poder son ilimitádos.
Y aunque usará su poder para subyugar al impío,
Siempre le proporcionará sostén al humilde.*

¹ ALABAD á JAH, Porque es bueno cantar salmos á nuestro Dios; Porque suave y hermosa es la alabanza.

² Jehová edifica á Jerusalem; A los echados de Israel recogerá.

³ El sana á los quebrantados de corazón, Y liga sus heridas.

⁴ El cuenta el número de las estrellas; A todas ellas llama por sus nombres.

⁵ Grande es el Señor nuestro, y de mucha potencia; Y de su entendimiento no hay número.

⁶ Jehová ensalza á los humildes; Humilla los impíos hasta la tierra.

⁷ Cantad á Jehová con alabanza, Cantad con arpa á nuestro Dios.

⁸ El es el que cubre los cielos de nubes, El que prepara la lluvia para la tierra, El que hace á los montes producir hierba.

⁹ El da á la bestia su mantenimiento, Y á los hijos de los cuervos que claman.

¹⁰ No toma contentamiento en la fortaleza del caballo, Ni se complace en las piernas del hombre.

¹¹ Complácese Jehová en los que le temen, Y en los que esperan en su misericordia.

¹² Alaba á Jehová, Jerusalem; Alaba á tu Dios, Sión.

¹³ Porque fortificó los cerrojos de tus puertas; Bendijo á tus hijos dentro de ti.

¹⁴ El pone en tu término la paz; Te hará saciar de grosura de trigo.

¹⁵ El envía su palabra á la tierra; Muy presto corre su palabra.

¹⁶ El da la nieve como lana, Derrama la escarcha como ceniza.

¹⁷ El echa su hielo como pedazos: Delante de su frío ¿quién estará?

¹⁸ Enviará su palabra, y los derretirá: Soplará su viento, y fluirán las aguas.

¹⁹ El denuncia sus palabras á Jacob, Sus estatutos y sus juicios á Israel.

²⁰ No ha hecho esto con toda gente; Y no conocieron sus juicios. Aleluya.

# Salmo 148

*El cuerno que se menciona en el versículo 14 es un símbolo de poder que suele representar al rey. Pero en ocasiones, y este podría ser uno de esos casos, simboliza la gloria que Dios ha provisto para su pueblo, al que tiene cerca de su corazón. Por ello (entre otras muchas razones) debería ser alabado.*

¹ ALABAD á Jehová desde los cielos: Alabadle en las alturas.

² Alabadle, vosotros todos sus ángeles: Alabadle, vosotros todos sus ejércitos.

³ Alabadle, sol y luna: Alabadle, vosotras todas, lucientes estrellas.

⁴ Alabadle, cielos de los cielos, Y las aguas que están sobre los cielos.

⁵ Alaben el nombre de Jehová; Porque él mandó, y fueron criadas.

⁶ Y las hizo ser para siempre por los siglos; Púso les ley que no será quebrantada.

⁷ Alabad á Jehová, de la tierra Los dragones y todos los abismos;

⁸ El fuego y el granizo, la nieve y el vapor, El viento de tempestad que ejecuta su palabra;

⁹ Los montes y todos los collados; El árbol de fruto, y todos los cedros;

¹⁰ La bestia y todo animal; Reptiles y volátiles;

¹¹ Los reyes de la tierra y todos los pueblos; Los príncipes y todos los jueces de la tierra;

¹² Los mancebos y también las doncellas; Los viejos y los niños,

¹³ Alaben el nombre de Jehová, Porque sólo su nombre es elevado; Su gloria es sobre tierra y cielos. ¹⁴ El ensalzó el cuerno de su pueblo; Alábenle todos sus santos, los hijos de Israel, El pueblo á él cercano. Aleluya.

## SALMO 149

*El pueblo debería alabar a Dios por su salvación.*
*Según los versículos 2–5, su alabanza debería adoptar*
*varias formas entusiastas:*
*danza, música de pandero y arpa, cánticos durante la*
*noche, y, sobre todo, una actitud de alegría y regocijo.*

¹ CANTAD á Jehová canción nueva: Su alabanza sea en la congregación de los santos.

² Alégrese Israel en su Hacedor: Los hijos de Sión se gocen en su Rey.

³ Alaben su nombre con corro: Con adufe y arpa á él canten.

⁴ Porque Jehová toma contentamiento con su pueblo: Hermoseará á los humildes con salud.

⁵ Gozarse han los píos con gloria: Cantarán sobre sus camas.

⁶ Ensalzamientos de Dios modularán en sus gargantas. Y espadas de dos filos habrá en sus manos;

⁷ Para hacer venganza de las gentes, Y castigo en los pueblos;

⁸ Para aprisionar sus reyes en grillos, Y sus nobles con cadenas de hierro;

⁹ Para ejecutar en ellos el juicio escrito: Gloria será esta para todos sus santos. Aleluya.

# Salmo 150

*El salmo 1 parece estar posicionado de manera
intencionada para presentar el libro de los salmos.
De manera similar, este último salmo parece haberse
escrito para acabar el libro con un énfasis final sobre la
importancia de la alabanza.
El salmo (y el libro de Salmos) terminan con
una concluyente «alabanza al Señor».*

¹ ALABAD á Dios en su santuario: Alabadle en la extensión de su fortaleza.

² Alabadle por sus proezas: Alabadle conforme á la muchedumbre de su grandeza.

³ Alabadle á son de bocina: Alabadle con salterio y arpa.

⁴ Alabadle con adufe y flauta: Alabadle con cuerdas y órgano.

⁵ Alabadle con címbalos resonantes: Alabadle con címbalos de júbilo.

⁶ Todo lo que respira alabe á JAH. Aleluya.

*El término hebreo traducido conocimiento en
el versículo 7 es sinónimo de sabiduría.
Este tipo de conocimiento no consiste
tan solo en poseer información;
es la capacidad de aplicar esos datos en la vida real.*

¹ LOS proverbios de Salomón, hijo de David, rey de Israel:

² Para entender sabiduría y doctrina; Para conocer las razones prudentes;

³ Para recibir el consejo de prudencia, Justicia, y juicio y equidad;

⁴ Para dar sagacidad á los simples, Y á los jóvenes inteligencia y cordura.

⁵ Oirá el sabio, y aumentará el saber; Y el entendido adquirirá consejo;

⁶ Para entender parábola y declaración; Palabras de sabios, y sus dichos oscuros.

⁷ El principio de la sabiduría es el temor de Jehová: Los insensatos desprecian la sabiduría y la enseñanza.

⁸ Oye, hijo mío, la doctrina de tu padre, Y no desprecies la dirección de tu madre:

⁹ Porque adorno de gracia serán á tu cabeza, Y collares á tu cuello.

¹⁰ Hijo mío, si los pecadores te quisieren engañar, No consientas.

¹¹ Si dijeren: Ven con nosotros, Pongamos asechanzas á la sangre, Acechemos sin motivo al inocente;

¹² Los tragaremos vivos como el sepulcro, Y enteros, como los que caen en sima;

¹³ Hallaremos riquezas de todas suertes, Henchiremos nuestras casas de despojos;

¹⁴ Echa tu suerte entre nosotros; Tengamos todos una bolsa:

¹⁵ Hijo mío, no andes en camino con ellos; Aparta tu pie de sus veredas:

¹⁶ Porque sus pies correrán al mal, E irán presurosos á derramar sangre.

¹⁷ Porque en vano se tenderá la red Ante los ojos de toda ave;

¹⁸ Mas ellos á su propia sangre ponen asechanzas, Y á sus almas tienden lazo.

¹⁹ Tales son las sendas de todo el que es dado á la codicia, La cual prenderá el alma de sus poseedores.

²⁰ La sabiduría clama de fuera, Da su voz en las plazas:

²¹ Clama en los principales lugares de concurso; En las entradas de las puertas de la ciudad dice sus razones:

²² ¿Hasta cuándo, oh simples, amaréis la simpleza, Y los burladores desearán el burlar, Y los insensatos aborrecerán la ciencia?

²³ Volveos á mi reprensión: He aquí yo os derramaré mi espíritu, Y os haré saber mis palabras.

²⁴ Por cuanto llamé, y no quisisteis: Extendí mi mano, y no hubo quien escuchase;

²⁵ Antes desechasteis todo consejo mío, Y mi reprensión no quisisteis:

²⁶ También yo me reiré en vuestra calamidad, Y me burlaré cuando os viniere lo que teméis;

²⁷ Cuando viniere como una destrucción lo que teméis, Y vuestra calamidad llegare como un torbellino; Cuando sobre vosotros viniere tribulación y angustia.

**28** Entonces me llamarán, y no responderé; Buscarme han de mañana, y no me hallarán:

**29** Por cuanto aborrecieron la sabiduría, Y no escogieron el temor de Jehová,

**30** Ni quisieron mi consejo, Y menospreciaron toda reprensión mía:

**31** Comerán pues del fruto de su camino, Y se hartarán de sus consejos.

**32** Porque el reposo de los ignorantes los matará, Y la prosperidad de los necios los echará á perder.

**33** Mas el que me oyere, habitará confiadamente, Y vivirá reposado, sin temor de mal.

*Si una persona busca sabiduría de Dios, ocurrirán muchas cosas. Entenderá lo que es correcto y de qué manera se supone que la santidad de Dios se exprese en el tiempo y en el espacio. Será una persona justa, buena y noble. Sabrá qué senda seguir y qué decisiones tomar.*

[1] HIJO mío, si tomares mis palabras, Y mis mandamientos guardares dentro de ti,

[2] Haciendo estar atento tu oído á la sabiduría; Si inclinares tu corazón á la prudencia;

[3] Si clamares á la inteligencia, Y á la prudencia dieres tu voz;

[4] Si como á la plata la buscares, Y la escudriñares como á tesoros;

[5] Entonces entenderás el temor de Jehová, Y hallarás el conocimiento de Dios.

[6] Porque Jehová da la sabiduría, Y de su boca viene el conocimiento y la inteligencia.

[7] El provee de sólida sabiduría á los rectos: Es escudo á los que caminan rectamente.

[8] Es el que guarda las veredas del juicio, Y preserva el camino de sus santos.

[9] Entonces entenderás justicia, juicio, Y equidad, y todo buen camino.

[10] Cuando la sabiduría entrare en tu corazón, Y la ciencia fuere dulce á tu alma,

[11] El consejo te guardará, Te preservará la inteligencia:

[12] Para librarte del mal camino, De los hombres que hablan perversidades;

[13] Que dejan las veredas derechas, Por andar en caminos tenebrosos;

¹⁴ Que se alegran haciendo mal, Que se huelgan en las perversidades del vicio;
¹⁵ Cuyas veredas son torcidas, Y torcidos sus caminos.
¹⁶ Para librarte de la mujer extraña, De la ajena que halaga con sus palabras;
¹⁷ Que desampara el príncipe de su mocedad, Y se olvida del pacto de su Dios.
¹⁸ Por lo cual su casa está inclinada á la muerte, Y sus veredas hacia los muertos:
¹⁹ Todos los que á ella entraren, no volverán, Ni tomarán las veredas de la vida.
²⁰ Para que andes por el camino de los buenos, Y guardes las veredas de los justos.
²¹ Porque los rectos habitarán la tierra, Y los perfectos permanecerán en ella;
²² Mas los impíos serán cortados de la tierra, Y los prevaricadores serán de ella desarraigados.

*Lo que uno tiene alrededor del cuello
—cerca de la garganta— influencia las propias
palabras, y estas reflejan el carácter.
El corazón representa el centro de lo que
motiva todo lo que uno hace.
La totalidad de la persona debe ser, pues,
influenciada por el amor y la fidelidad.*

¹ HIJO mío, no te olvides de mi ley; Y tu corazón guarde mis mandamientos:

² Porque largura de días, y años de vida Y paz te aumentarán.

³ Misericordia y verdad no te desamparen; Átalas á tu cuello, Escríbelas en la tabla de tu corazón:

⁴ Y hallarás gracia y buena opinión En los ojos de Dios y de los hombres.

⁵ Fíate de Jehová de todo tu corazón, Y no estribes en tu prudencia.

⁶ Reconócelo en todos tus caminos, Y él enderezará tus veredas.

⁷ No seas sabio en tu opinión: Teme á Jehová, y apártate del mal;

⁸ Porque será medicina á tu ombligo, Y tuétano á tus huesos.

⁹ Honra á Jehová de tu sustancia, Y de las primicias de todos tus frutos;

¹⁰ Y serán llenas tus trojes con abundancia, Y tus lagares rebosarán de mosto.

¹¹ No deseches, hijo mío, el castigo de Jehová; Ni te fatigues de su corrección:

¹²Porque al que ama castiga, Como el padre al hijo á quien quiere.

¹³Bienaventurado el hombre que halla la sabiduría, Y que obtiene la inteligencia:

¹⁴Porque su mercadería es mejor que la mercadería de la plata, Y sus frutos más que el oro fino.

¹⁵Más preciosa es que las piedras preciosas; Y todo lo que puedes desear, no se puede comparar á ella.

¹⁶Largura de días está en su mano derecha; En su izquierda riquezas y honra.

¹⁷Sus caminos son caminos deleitosos, Y todas sus veredas paz.

¹⁸Ella es árbol de vida á los que de ella asen: Y bienaventurados son los que la mantienen.

¹⁹Jehová con sabiduría fundó la tierra; Afirmó los cielos con inteligencia.

²⁰Con su ciencia se partieron los abismos, Y destilan el rocío los cielos.

²¹Hijo mío, no se aparten estas cosas de tus ojos; Guarda la ley y el consejo;

²²Y serán vida á tu alma, Y gracia á tu cuello.

²³Entonces andarás por tu camino confiadamente, Y tu pie no tropezará.

²⁴Cuando te acostares, no tendrás temor; Antes te acostarás, y tu sueño será suave.

²⁵No tendrás temor de pavor repentino, Ni de la ruina de los impíos cuando viniere:

²⁶Porque Jehová será tu confianza, Y él preservará tu pie de ser preso.

²⁷No detengas el bien de sus dueños, Cuando tuvieres poder para hacerlo.

<sup>28</sup> No digas á tu prójimo: Ve, y vuelve, Y mañana te daré; Cuando tienes contigo qué darle.

<sup>29</sup> No intentes mal contra tu prójimo, Estando él confiado de ti.

<sup>30</sup> No pleitees con alguno sin razón, Si él no te ha hecho agravio.

<sup>31</sup> No envidies al hombre injusto, Ni escojas alguno de sus caminos.

<sup>32</sup> Porque el perverso es abominado de Jehová: Mas su secreto es con los rectos.

<sup>33</sup> La maldición de Jehová está en la casa del impío; Mas él bendecirá la morada de los justos.

<sup>34</sup> Ciertamente él escarnecerá á los escarnecedores, Y á los humildes dará gracia.

<sup>35</sup> Los sabios heredarán honra: Mas los necios sostendrán ignominia.

*La advertencia de no desviarse a derecha ni a
izquierda también se encuentra en Deuteronomio
5.32; 17.11; 28.14 y Josué 23.6.
La idea consiste en que uno no debe
distraerse del camino de la sabiduría.
Esta senda no debería ignorarse ni
tampoco añadirle o sustraerle.
La sabiduría proporciona el modo de vida y todo
lo que la rodea es el camino de destrucción.*

¹ OID, hijos, la doctrina de un padre, Y estad atentos para que conozcáis cordura.

² Porque os doy buena enseñanza; No desamparéis mi ley.

³ Porque yo fuí hijo de mi padre, Delicado y único delante de mi madre.

⁴ Y él me enseñaba, y me decía: Mantenga tu corazón mis razones, Guarda mis mandamientos, y vivirás:

⁵ Adquiere sabiduría, adquiere inteligencia; No te olvides ni te apartes de las razones de mi boca;

⁶ No la dejes, y ella te guardará; Amala, y te conservará.

⁷ Sabiduría ante todo: adquiere sabiduría: Y ante toda tu posesión adquiere inteligencia.

⁸ Engrandécela, y ella te engrandecerá: Ella te honrará, cuando tú la hubieres abrazado.

⁹ Adorno de gracia dará á tu cabeza: Corona de hermosura te entregará.

¹⁰ Oye, hijo mío, y recibe mis razones; Y se te multiplicarán años de vida.

¹¹ Por el camino de la sabiduría te he encaminado, Y por veredas derechas te he hecho andar.

¹²Cuando anduvieres no se estrecharán tus pasos; Y si corrieres, no tropezarás.

¹³Ten el consejo, no lo dejes; Guárdalo, porque eso es tu vida.

¹⁴No entres por la vereda de los impíos, Ni vayas por el camino de los malos.

¹⁵Desampárala, no pases por ella; Apártate de ella, pasa.

¹⁶Porque no duermen ellos, si no hicieren mal; Y pierden su sueño, si no han hecho caer.

¹⁷Porque comen pan de maldad, y beben vino de robos.

¹⁸Mas la senda de los justos es como la luz de la aurora, Que va en aumento hasta que el día es perfecto.

¹⁹El camino de los impíos es como la oscuridad: No saben en qué tropiezan.

²⁰Hijo mío, está atento á mis palabras; Inclina tu oído á mis razones.

²¹No se aparten de tus ojos; Guárdalas en medio de tu corazón.

²²Porque son vida á los que las hallan, Y medicina á toda su carne.

²³Sobre toda cosa guardada guarda tu corazón; Porque de él mana la vida.

²⁴Aparta de ti la perversidad de la boca, Y aleja de ti la iniquidad de labios.

²⁵Tus ojos miren lo recto, Y tus párpados en derechura delante de ti.

²⁶Examina la senda de tus pies, Y todos tus caminos sean ordenados.

²⁷No te apartes á diestra, ni á siniestra: Aparta tu pie del mal.

*Dios no ha hecho que su sabiduría sea inaccesible; está a
disposición de todos los que la busquen.
Cuando llega, derrama bendiciones y tesoros sobre
aquellos que la aman y la procuran.
Sin embargo, los motivos inadecuados no se mezclan con
la búsqueda de la sabiduría.
En otras palabras, no podemos intentar buscarla con el
fin de obtener ganancia.
Más bien se trata de procurar las cosas que Dios
ama con el propósito de que la gloria sea para él.*

¹¿NO clama la sabiduría, Y da su voz la inteligencia?
²En los altos cabezos, junto al camino, A las
encrucijadas de las veredas se para;
³En el lugar de las puertas, á la entrada de la ciudad,
A la entrada de las puertas da voces:
⁴Oh hombres, á vosotros clamo; Y mi voz es á los
hijos de los hombres.
⁵Entended, simples, discreción; Y vosotros, locos,
entrad en cordura.
⁶Oid, porque hablaré cosas excelentes; Y abriré mis
labios para cosas rectas.
⁷Porque mi boca hablará verdad, Y la impiedad
abominan mis labios.
⁸En justicia son todas las razones de mi boca; No hay
en ellas cosa perversa ni torcida.
⁹Todas ellas son rectas al que entiende, Y razonables á
los que han hallado sabiduría.
¹⁰Recibid mi enseñanza, y no plata; Y ciencia antes
que el oro escogido.

¹¹ Porque mejor es la sabiduría que las piedras preciosas; Y todas las cosas que se pueden desear, no son de comparar con ella.

¹² Yo, la sabiduría, habito con la discreción, Y hallo la ciencia de los consejos.

¹³ El temor de Jehová es aborrecer el mal; La soberbia y la arrogancia, y el mal camino Y la boca perversa, aborrezco.

¹⁴ Conmigo está el consejo y el ser; Yo soy la inteligencia; mía es la fortaleza.

¹⁵ Por mí reinan los reyes, Y los príncipes determinan justicia.

¹⁶ Por mí dominan los príncipes, Y todos los gobernadores juzgan la tierra.

¹⁷ Yo amo á los que me aman; Y me hallan los que madrugando me buscan.

¹⁸ Las riquezas y la honra están conmigo; Sólidas riquezas, y justicia.

¹⁹ Mejor es mi fruto que el oro, y que el oro refinado; Y mi rédito mejor que la plata escogida.

²⁰ Por vereda de justicia guiaré, Por en medio de sendas de juicio;

²¹ Para hacer heredar á mis amigos el ser, Y que yo hincha sus tesoros.

²² Jehová me poseía en el principio de su camino, Ya de antiguo, antes de sus obras.

²³ Eternalmente tuve el principado, desde el principio, Antes de la tierra.

²⁴ Antes de los abismos fuí engendrada; Antes que fuesen las fuentes de las muchas aguas.

²⁵ Antes que los montes fuesen fundados, Antes de los collados, era yo engendrada:

²⁶ No había aún hecho la tierra, ni las campiñas, Ni el principio del polvo del mundo.

²⁷ Cuando formaba los cielos, allí estaba yo; Cuando señalaba por compás la sobrefaz del abismo;

²⁸ Cuando afirmaba los cielos arriba, Cuando afirmaba las fuentes del abismo;

²⁹ Cuando ponía á la mar su estatuto, Y á las aguas, que no pasasen su mandamiento; Cuando establecía los fundamentos de la tierra;

³⁰ Con él estaba yo ordenándolo todo; Y fuí su delicia todos los días, Teniendo solaz delante de él en todo tiempo.

³¹ Huélgome en la parte habitable de su tierra; Y mis delicias son con los hijos de los hombres.

³² Ahora pues, hijos, oidme: Y bienaventurados los que guardaren mis caminos.

³³ Atended el consejo, y sed sabios, Y no lo menospreciéis.

³⁴ Bienaventurado el hombre que me oye, Velando á mis puertas cada día, Guardando los umbrales de mis entradas.

³⁵ Porque el que me hallare, hallará la vida, Y alcanzará el favor de Jehová.

³⁶ Mas el que peca contra mí, defrauda su alma: Todos los que me aborrecen, aman la muerte.

*La sencilla idea del pasaje es que si entramos
en la casa de la justicia tendremos vida.
A pesar de ello, este concepto se expresa
de maneras complejas.
Se desconoce a ciencia cierta la naturaleza de
la casa de la sabiduría con siete columnas.*

¹ LA sabiduría edificó su casa, Labró sus siete columnas;

² Mató sus víctimas, templó su vino, Y puso su mesa.

³ Envió sus criadas; Sobre lo más alto de la ciudad clamó:

⁴ Cualquiera simple, venga acá. A los faltos de cordura dijo:

⁵ Venid, comed mi pan, Y bebed del vino que yo he templado.

⁶ Dejad las simplezas, y vivid; Y andad por el camino de la inteligencia.

⁷ El que corrige al escarnecedor, afrenta se acarrea: El que reprende al impío, se atrae mancha.

⁸ No reprendas al escarnecedor, porque no te aborrezca: Corrige al sabio, y te amará.

⁹ Da al sabio, y será más sabio: Enseña al justo, y acrecerá su saber.

¹⁰ El temor de Jehová es el principio de la sabiduría; Y la ciencia de los santos es inteligencia.

¹¹ Porque por mí se aumentarán tus días, Y años de vida se te añadirán.

¹² Si fueres sabio, para ti lo serás: Mas si fueres escarnecedor, pagarás tú solo.

¹³ La mujer loca es alborotadora; Es simple é ignorante.

¹⁴ Siéntase en una silla á la puerta de su casa, En lo alto de la ciudad,

¹⁵ Para llamar á los que pasan por el camino, Que van por sus caminos derechos.

¹⁶ Cualquiera simple, dice, venga acá. A los faltos de cordura dijo:

¹⁷ Las aguas hurtadas son dulces, Y el pan comido en oculto es suave.

¹⁸ Y no saben que allí están los muertos; Que sus convidados están en los profundos de la sepultura.

## PROVERBIOS 10

*El contraste entre la persona recta y el
impío es común en Proverbios.
Salomón quiere que su hijo entienda esta diferencia,
de modo que su intención aquí es explicarla.*

¹ Las sentencias de Salomón. EL hijo sabio alegra al padre; Y el hijo necio es tristeza de su madre.

² Los tesoros de maldad no serán de provecho: Mas la justicia libra de muerte.

³ Jehová no dejará hambrear el alma del justo: Mas la iniquidad lanzará á los impíos.

⁴ La mano negligente hace pobre: Mas la mano de los diligentes enriquece.

⁵ El que recoge en el estío es hombre entendido: El que duerme en el tiempo de la siega es hombre afrentoso.

⁶ Bendiciones sobre la cabeza del justo: Mas violencia cubrirá la boca de los impíos.

⁷ La memoria del justo será bendita: Mas el nombre de los impíos se pudrirá.

⁸ El sabio de corazón recibirá los mandamientos: Mas el loco de labios caerá.

⁹ El que camina en integridad, anda confiado: Mas el que pervierte sus caminos, será quebrantado.

¹⁰ El que guiña del ojo acarrea tristeza; Y el loco de labios será castigado.

¹¹ Vena de vida es la boca del justo: Mas violencia cubrirá la boca de los impíos.

¹² El odio despierta rencillas: Mas la caridad cubrirá todas las faltas.

¹³ En los labios del prudente se halla sabiduría: Y vara á las espaldas del falto de cordura.

¹⁴ Los sabios guardan la sabiduría: Mas la boca del loco es calamidad cercana.

¹⁵ Las riquezas del rico son su ciudad fuerte; Y el desmayo de los pobres es su pobreza.

¹⁶ La obra del justo es para vida; Mas el fruto del impío es para pecado.

¹⁷ Camino á la vida es guardar la corrección: Mas el que deja la reprensión, yerra.

¹⁸ El que encubre el odio es de labios mentirosos; Y el que echa mala fama es necio.

¹⁹ En las muchas palabras no falta pecado: Mas el que refrena sus labios es prudente.

²⁰ Plata escogida es la lengua del justo: Mas el entendimiento de los impíos es como nada.

²¹ Los labios del justo apacientan á muchos: Mas los necios por falta de entendimiento mueren.

<sup>22</sup> La bendición de Jehová es la que enriquece, Y no añade tristeza con ella.

<sup>23</sup> Hacer abominación es como risa al insensato: Mas el hombre entendido sabe.

<sup>24</sup> Lo que el impío teme, eso le vendrá: Mas á los justos les será dado lo que desean.

<sup>25</sup> Como pasa el torbellino, así el malo no permanece: Mas el justo, fundado para siempre.

<sup>26</sup> Como el vinagre á los dientes, y como el humo á los ojos, Así es el perezoso á los que lo envían.

<sup>27</sup> El temor de Jehová aumentará los días: Mas los años de los impíos serán acortados.

<sup>28</sup> La esperanza de los justos es alegría; Mas la esperanza de los impíos perecerá.

<sup>29</sup> Fortaleza es al perfecto el camino de Jehová: Mas espanto es á los que obran maldad.

<sup>30</sup> El justo eternalmente no será removido: Mas los impíos no habitarán la tierra.

<sup>31</sup> La boca del justo producirá sabiduría: Mas la lengua perversa será cortada.

<sup>32</sup> Los labios del justo conocerán lo que agrada: Mas la boca de los impíos habla perversidades.

*Recibir el árbol de la vida es tener una vida abundante
que nadie puede arrebatarnos.
Para obtenerla, uno debe practicar la
obediencia, aprender de personas dignas de
respeto y no actuar con precipitación.*

¹ EL hijo sabio toma el consejo del padre: Mas el burlador no escucha las represiones.

² Del fruto de su boca el hombre comerá bien: Mas el alma de los prevaricadores hallará mal.

³ El que guarda su boca guarda su alma: Mas el que mucho abre sus labios tendrá calamidad.

⁴ Desea, y nada alcanza el alma del perezoso: Mas el alma de los diligentes será engordada.

⁵ El justo aborrece la palabra de mentira: Mas el impío se hace odioso é infame.

⁶ La justicia guarda al de perfecto camino: Mas la impiedad trastornará al pecador.

⁷ Hay quienes se hacen ricos, y no tienen nada: Y hay quienes se hacen pobres, y tienen muchas riquezas.

⁸ La redención de la vida del hombre son sus riquezas: Pero el pobre no oye censuras.

⁹ La luz de los justos se alegrará: Mas apagaráse la lámpara de los impíos.

¹⁰ Ciertamente la soberbia parirá contienda: Mas con los avisados es la sabiduría.

¹¹ Disminuiránse las riquezas de vanidad: Empero multiplicará el que allega con su mano.

¹² La esperanza que se prolonga, es tormento del corazón: Mas árbol de vida es el deseo cumplido.

¹³ El que menosprecia la palabra, perecerá por ello:
Mas el que teme el mandamiento, será recompensado.
¹⁴ la ley del sabio es manantial de vida, Para apartarse
de los lazos de la muerte.

¹⁵ El buen entendimiento conciliará gracia: Mas el
camino de los prevaricadores es duro.

¹⁶ Todo hombre cuerdo obra con sabiduría: Mas el
necio manifestará necedad.

¹⁷ El mal mensajero caerá en mal: Mas el mensajero
fiel es medicina.

¹⁸ Pobreza y vergüenza tendrá el que menosprecia
el consejo: Mas el que guarda la corrección, será
honrado.

¹⁹ El deseo cumplido deleita el alma: Pero apartarse
del mal es abominación á los necios.

²⁰ El que anda con los sabios, sabio será; Mas el que se
allega á los necios, será quebrantado.

²¹ Mal perseguirá á los pecadores: Mas á los justos les
será bien retribuído.

²² El bueno dejará herederos á los hijos de los hijos; Y
el haber del pecador, para el justo está guardado.

²³ En el barbecho de los pobres hay mucho pan: Mas
piérdese por falta de juicio.

²⁴ El que detiene el castigo, á su hijo aborrece: Mas el
que lo ama, madruga á castigarlo.

²⁵ El justo come hasta saciar su alma: Mas el vientre
de los impíos tendrá necesidad.

*Una persona no puede controlar su experiencia en este
mundo desde fuera hacia dentro; tiene que ser al revés.
Una persona sabia procura entender el mundo desde el
punto de vista de Dios, y esto produce gozo en el corazón.
Un corazón alegre tiene un banquete continuo. De hecho,
tener un corazón que se alimenta del gozo, del temor y
del amor del Señor es mejor que un banquete literal.*

¹ LA blanda respuesta quita la ira: Mas la palabra
áspera hace subir el furor.

² La lengua de los sabios adornará la sabiduría: Mas la
boca de los necios hablará sandeces.

³ Los ojos de Jehová están en todo lugar, Mirando á
los malos y á los buenos.

⁴ La sana lengua es árbol de vida: Mas la perversidad
en ella es quebrantamiento de espíritu.

⁵ El necio menosprecia el consejo de su padre: Mas el
que guarda la corrección, vendrá á ser cuerdo.

⁶ En la casa del justo hay gran provisión; Empero
turbación en las ganancias del impío.

⁷ Los labios de los sabios esparcen sabiduría: Mas no
así el corazón de los necios.

⁸ El sacrificio de los impíos es abominación á Jehová:
Mas la oración de los rectos es su gozo.

⁹ Abominación es á Jehová el camino del impío: Mas
él ama al que sigue justicia.

¹⁰ La reconvención es molesta al que deja el camino: Y
el que aborreciere la corrección, morirá.

¹¹ El infierno y la perdición están delante de Jehová:
Cuánto más los corazones de los hombres!

¹² El escarnecedor no ama al que le reprende; Ni se allega á los sabios.

¹³ El corazón alegre hermosea el rostro: Mas por el dolor de corazón el espíritu se abate.

¹⁴ El corazón entendido busca la sabiduría: Mas la boca de los necios pace necedad.

¹⁵ Todos los días del afligido son trabajosos: Mas el de corazón contento tiene un convite continuo.

¹⁶ Mejor es lo poco con el temor de Jehová, Que el gran tesoro donde hay turbación.

¹⁷ Mejor es la comida de legumbres donde hay amor, Que de buey engordado donde hay odio.

¹⁸ El hombre iracundo mueve contiendas: Mas el que tarde se enoja, apaciguará la rencilla.

¹⁹ El camino del perezoso es como seto de espinos: Mas la vereda de los rectos como una calzada.

²⁰ El hijo sabio alegra al padre: Mas el hombre necio menosprecia á su madre.

²¹ La necedad es alegría al falto de entendimiento: Mas el hombre entendido enderezará su proceder.

²² Los pensamientos son frustrados donde no hay consejo; Mas en la multitud de consejeros se afirman.

²³ Alégrase el hombre con la respuesta de su boca: Y la palabra á su tiempo, cuán buena es!

²⁴ El camino de la vida es hacia arriba al entendido, Para apartarse del infierno abajo.

²⁵ Jehová asolará la casa de los soberbios: Mas él afirmará el término de la viuda.

²⁶ Abominación son á Jehová los pensamientos del malo: Mas las expresiones de los limpios son limpias.

²⁷ Alborota su casa el codicioso: Mas el que aborrece las dádivas vivirá.

[28] El corazón del justo piensa para responder: Mas la boca de los impíos derrama malas cosas.

[29] Lejos está Jehová de los impíos: Mas él oye la oración de los justos.

[30] La luz de los ojos alegra el corazón; Y la buena fama engorda los huesos.

[31] La oreja que escucha la corrección de vida, Entre los sabios morará.

[32] El que tiene en poco la disciplina, menosprecia su alma: Mas el que escucha la corrección, tiene entendimiento.

[33] El temor de Jehová es enseñanza de sabiduría: Y delante de la honra está la humildad.

*El versículo 33 concluye el capítulo como ha
empezado, con el recordatorio de que la soberanía
de Dios dirige toda actividad humana.
Las personas tienen numerosas formas de
decidir cómo proceder en la vida, pero deberían
estar agradecidas de que Dios sea Aquel cuya
voluntad se cumple en última instancia.*

¹ DEL hombre son las disposiciones del corazón: Mas de Jehová la respuesta de la lengua.

² Todos los caminos del hombre son limpios en su opinión: Mas Jehová pesa los espíritus.

³ Encomienda á Jehová tus obras, Y tus pensamientos serán afirmados.

⁴ Todas las cosas ha hecho Jehová por sí mismo, Y aun al impío para el día malo.

⁵ Abominación es á Jehová todo altivo de corazón: Aunque esté mano sobre mano, no será reputado inocente.

⁶ Con misericordia y verdad se corrige el pecado: Y con el temor de Jehová se apartan del mal los hombres.

⁷ Cuando los caminos del hombre son agradables á Jehová, Aun á sus enemigos pacificará con él.

⁸ Mejor es lo poco con justicia, Que la muchedumbre de frutos sin derecho.

⁹ El corazón del hombre piensa su camino: Mas Jehová endereza sus pasos.

¹⁰ Adivinación está en los labios del rey: En juicio no prevaricará su boca.

¹¹ Peso y balanzas justas son de Jehová: Obra suya son todas las pesas de la bolsa.

¹²Abominación es á los reyes hacer impiedad: Porque con justicia será afirmado el trono.

¹³Los labios justos son el contentamiento de los reyes; Y aman al que habla lo recto.

¹⁴La ira del rey es mensajero de muerte: Mas el hombre sabio la evitará.

¹⁵En la alegría del rostro del rey está la vida; Y su benevolencia es como nube de lluvia tardía.

¹⁶Mejor es adquirir sabiduría que oro preciado; Y adquirir inteligencia vale más que la plata.

¹⁷El camino de los rectos es apartarse del mal: Su alma guarda el que guarda su camino.

¹⁸Antes del quebrantamiento es la soberbia; Y antes de la caída la altivez de espíritu.

¹⁹Mejor es humillar el espíritu con los humildes, Que partir despojos con los soberbios.

²⁰El entendido en la palabra, hallará el bien: Y el que confía en Jehová, él es bienaventurado.

²¹El sabio de corazón es llamado entendido: Y la dulzura de labios aumentará la doctrina.

²²Manantial de vida es el entendimiento al que lo posee: Mas la erudición de los necios es necedad.

²³El corazón del sabio hace prudente su boca; Y con sus labios aumenta la doctrina.

²⁴Panal de miel son los dichos suaves. Suavidad al alma y medicina á los huesos.

²⁵Hay camino que parece derecho al hombre, Mas su salida son caminos de muerte.

²⁶El alma del que trabaja, trabaja para sí; Porque su boca le constriñe.

²⁷El hombre perverso cava el mal; Y en sus labios hay como llama de fuego.

<sup>28</sup>El hombre perverso levanta contienda; Y el chismoso aparta los mejores amigos.
<sup>29</sup>El hombre malo lisonjea á su prójimo, Y le hace andar por el camino no bueno:
<sup>30</sup>Cierra sus ojos para pensar perversidades; Mueve sus labios, efectúa el mal.
<sup>31</sup>Corona de honra es la vejez, Que se hallará en el camino de justicia.
<sup>32</sup>Mejor es el que tarde se aira que el fuerte; Y el que se enseñorea de su espíritu, que el que toma una ciudad.
<sup>33</sup>La suerte se echa en el seno: Mas de Jehová es el juicio de ella.

## PROVERBIOS 18

*Aunque a las palabras se les puede dar un uso erróneo en numerosas formas, cuando se usan adecuadamente pueden edificar a los demás. El versículo 20 sugiere que así como el alimento satisface el hambre de la persona, las palabras bien escogidas pueden ser también una agradable fuente de contentamiento. Las personas sabias toman sus palabras en serio.*

<sup>1</sup>SEGUN su antojo busca el que se desvía, Y se entremete en todo negocio.
<sup>2</sup>No toma placer el necio en la inteligencia, Sino en lo que su corazón se descubre.
<sup>3</sup>Cuando viene el impío, viene también el menosprecio, Y con el deshonrador la afrenta.
<sup>4</sup>Aguas profundas son las palabras de la boca del hombre; Y arroyo revertiente, la fuente de la sabiduría.

⁵Tener respeto á la persona del impío, Para hacer caer al justo de su derecho, no es bueno.

⁶Los labios del necio vienen con pleito; Y su boca á cuestiones llama.

⁷La boca del necio es quebrantamiento para sí, Y sus labios son lazos para su alma.

⁸Las palabras del chismoso parecen blandas, Y descienden hasta lo íntimo del vientre.

⁹También el que es negligente en su obra Es hermano del hombre disipador.

¹⁰Torre fuerte es el nombre de Jehová: A él correrá el justo, y será levantado.

¹¹Las riquezas del rico son la ciudad de su fortaleza, Y como un muro alto en su imaginación.

¹²Antes del quebrantamiento se eleva el corazón del hombre, Y antes de la honra es el abatimiento.

¹³El que responde palabra antes de oir, Le es fatuidad y oprobio.

¹⁴El ánimo del hombre soportará su enfermedad: Mas ¿quién soportará al ánimo angustiado?

¹⁵El corazón del entendido adquiere sabiduría; Y el oído de los sabios busca la ciencia.

¹⁶El presente del hombre le ensancha el camino, Y le lleva delante de los grandes.

¹⁷El primero en su propia causa parece justo; Y su adversario viene, y le sondea.

¹⁸La suerte pone fin á los pleitos, Y desparte los fuertes.

¹⁹El hermano ofendido es más tenaz que una ciudad fuerte: Y las contiendas de los hermanos son como cerrojos de alcázar.

**20** Del fruto de la boca del hombre se hartará su vientre; Hartaráse del producto de sus labios.

**21** La muerte y la vida están en poder de la lengua; Y el que la ama comerá de sus frutos.

**22** El que halló esposa halló el bien, Y alcanzó la benevolencia de Jehová.

**23** El pobre habla con ruegos; Mas el rico responde durezas.

**24** El hombre que tiene amigos, ha de mostrarse amigo: Y amigo hay más conjunto que el hermano.

## PROVERBIOS 22

*El versículo 6 es, probablemente, uno de los
más citados del libro de Proverbios.
Como muchos otros, este proverbio es cierto
en un sentido general (no absoluto).
Cuando los padres temen a Dios, buscan sabiduría,
ordenan sus prioridades e intentan inculcar estas
mismas cosas en sus hijos, estos tiene mejor probabilidad
de aprender a tomar buenas decisiones por sí solos.*

**1** DE más estima es la buena fama que las muchas riquezas; Y la buena gracia más que la plata y el oro.

**2** El rico y el pobre se encontraron: A todos ellos hizo Jehová.

**3** El avisado ve el mal, y escóndese: Mas los simples pasan, y reciben el daño.

**4** Riquezas, y honra, y vida, Son la remuneración de la humildad y del temor de Jehová.

**5** Espinas y lazos hay en el camino del perverso: El que guarda su alma se alejará de ellos.

⁶ Instruye al niño en su carrera: Aun cuando fuere viejo no se apartará de ella.

⁷ El rico se enseñoreará de los pobres; Y el que toma prestado, siervo es del que empresta.

⁸ El que sembrare iniquidad, iniquidad segará: Y consumiráse la vara de su ira.

⁹ El ojo misericordioso será bendito, Porque dió de su pan al indigente.

¹⁰ Echa fuera al escarnecedor, y saldrá la contienda, Y cesará el pleito y la afrenta.

¹¹ El que ama la limpieza de corazón, Por la gracia de sus labios su amigo será el rey.

¹² Los ojos de Jehová miran por la ciencia; Mas él trastorna las cosas de los prevaricadores.

¹³ Dice el perezoso: El león está fuera; En mitad de las calles seré muerto.

¹⁴ Sima profunda es la boca de las extrañas: Aquel contra el cual estuviere Jehová airado, caerá en ella.

¹⁵ La necedad está ligada en el corazón del muchacho; Mas la vara de la corrección la hará alejar de él.

¹⁶ El que oprime al pobre para aumentarse él, Y que da al rico, ciertamente será pobre.

¹⁷ Inclina tu oído, y oye las palabras de los sabios, Y pon tu corazón á mi sabiduría:

¹⁸ Porque es cosa deleitable, si las guardares en tus entrañas; Y que juntamente sean ordenadas en tus labios.

¹⁹ Para que tu confianza sea en Jehová, Te las he hecho saber hoy á ti también.

²⁰ ¿No te he escrito tres veces En consejos y ciencia,

²¹ Para hacerte saber la certidumbre de las razones verdaderas, Para que puedas responder razones de verdad á los que á ti enviaren?

²² No robes al pobre, porque es pobre, Ni quebrantes en la puerta al afligido:

²³ Porque Jehová juzgará la causa de ellos, Y despojará el alma de aquellos que los despojaren.

²⁴ No te entrometas con el iracundo, Ni te acompañes con el hombre de enojos;

²⁵ Porque no aprendas sus maneras, Y tomes lazo para tu alma.

²⁶ No estés entre los que tocan la mano, Entre los que fían por deudas.

²⁷ Si no tuvieres para pagar, ¿Por qué han de quitar tu cama de debajo de ti?

²⁸ No traspases el término antiguo Que pusieron tus padres.

²⁹ ¿Has visto hombre solícito en su obra? delante de los reyes estará; No estará delante de los de baja suerte.

*Así como una casa se construye y luego se llena de
cosas que la hacen habitable, el compromiso con
la sabiduría y el conocimiento constante edifica a
las personas, y les permite funcionar juntas.*

[1] NO tengas envidia de los hombres malos, Ni desees
estar con ellos:

[2] Porque su corazón piensa en robar, E iniquidad
hablan sus labios.

[3] Con sabiduría se edificará la casa, Y con prudencia
se afirmará;

[4] Y con ciencia se henchirán las cámaras De todo bien
preciado y agradable.

[5] El hombre sabio es fuerte; Y de pujante vigor el
hombre docto.

[6] Porque con ingenio harás la guerra: Y la salud está
en la multitud de consejeros.

[7] Alta está para el insensato la sabiduría: En la puerta
no abrirá él su boca.

[8] Al que piensa mal hacer Le llamarán hombre de
malos pensamientos.

[9] El pensamiento del necio es pecado: Y abominación
á los hombres el escarnecedor.

[10] Si fueres flojo en el día de trabajo, Tu fuerza será
reducida.

[11] Si dejares de librar los que son tomados para la
muerte, Y los que son llevados al degolladero;

[12] Si dijeres: Ciertamente no lo supimos; ¿No lo
entenderá el que pesa los corazones? El que mira por

tu alma, él lo conocerá, Y dará al hombre según sus obras.

¹³ Come, hijo mío, de la miel, porque es buena, Y del panal dulce á tu paladar:

¹⁴ Tal será el conocimiento de la sabiduría á tu alma: Si la hallares tendrá recompensa, Y al fin tu esperanza no será cortada.

¹⁵ Oh impío, no aceches la tienda del justo, No saquees su cámara;

¹⁶ Porque siete veces cae el justo, y se torna á levantar; Mas los impíos caerán en el mal.

¹⁷ Cuando cayere tu enemigo, no te huelgues; Y cuando tropezare, no se alegre tu corazón:

¹⁸ Porque Jehová no lo mire, y le desagrade, Y aparte de sobre él su enojo.

¹⁹ No te entrometas con los malignos, Ni tengas envidia de los impíos;

²⁰ Porque para el malo no habrá buen fin, Y la candela de los impíos será apagada.

²¹ Teme á Jehová, hijo mío, y al rey; No te entrometas con los veleidosos:

²² Porque su quebrantamiento se levantará de repente; Y el quebrantamiento de ambos, ¿quién lo comprende?

²³ También estas cosas pertenecen á los sabios. Tener respeto á personas en el juicio no es bueno.

²⁴ El que dijere al malo, Justo eres, Los pueblos lo maldecirán, y le detestarán las naciones:

²⁵ Mas los que lo reprenden, serán agradables, Y sobre ellos vendrá bendición de bien.

²⁶ Besados serán los labios Del que responde palabras rectas.

27 Apresta tu obra de afuera, Y disponla en tu heredad; Y después edificarás tu casa.

28 No seas sin causa testigo contra tu prójimo; Y no lisonjees con tus labios.

29 No digas: Como me hizo, así le haré; Daré el pago al hombre según su obra.

30 Pasé junto á la heredad del hombre perezoso, Y junto á la viña del hombre falto de entendimiento;

31 Y he aquí que por toda ella habían ya crecido espinas, Ortigas habían ya cubierto su haz, Y su cerca de piedra estaba ya destruída.

32 Y yo miré, y púse lo en mi corazón: Vi lo, y tomé consejo.

33 Un poco de sueño, cabeceando otro poco, Poniendo mano sobre mano otro poco para dormir;

34 Así vendrá como caminante tu necesidad, Y tu pobreza como hombre de escudo.

*Un amigo de verdad está dispuesto a
decir la verdad y decir cosas duras.
Cuando es necesario hacerlo, es más
peligroso marcharse e ignorar esas palabras
contundentes que quedarse y aguantarlas.
A través de la Amistad las personas son desafiadas,
cambiadas, refrescadas y apoyadas.*

¹ NO te jactes del día de mañana; Porque no sabes qué dará de sí el día.

² Alábete el extraño, y no tu boca; El ajeno, y no tus labios.

³ Pesada es la piedra, y la arena pesa; Mas la ira del necio es más pesada que ambas cosas.

⁴ Cruel es la ira, é impetuoso el furor; Mas ¿quién parará delante de la envidia?

⁵ Mejor es reprensión manifiesta Que amor oculto.

⁶ Fieles son las heridas del que ama; Pero importunos los besos del que aborrece.

⁷ El alma harta huella el panal de miel; Mas al alma hambrienta todo lo amargo es dulce.

⁸ Cual ave que se va de su nido, Tal es el hombre que se va de su lugar.

⁹ El ungüento y el perfume alegran el corazón: Y el amigo al hombre con el cordial consejo.

¹⁰ No dejes á tu amigo, ni al amigo de tu padre; Ni entres en casa de tu hermano el día de tu aflicción. Mejor es el vecino cerca que el hermano lejano.

¹¹ Sé sabio, hijo mío, y alegra mi corazón, Y tendré qué responder al que me deshonrare.

¹²El avisado ve el mal, y escóndese, Mas los simples pasan, y llevan el daño.

¹³Quítale su ropa al que fió al extraño; Y al que fió á la extraña, tómale prenda.

¹⁴El que bendice á su amigo en alta voz, madrugando de mañana, Por maldición se le contará.

¹⁵Gotera continua en tiempo de lluvia, Y la mujer rencillosa, son semejantes:

¹⁶El que pretende contenerla, arresta el viento: O el aceite en su mano derecha.

¹⁷Hierro con hierro se aguza; Y el hombre aguza el rostro de su amigo.

¹⁸El que guarda la higuera, comerá su fruto; Y el que guarda á su señor, será honrado.

¹⁹Como un agua se parece á otra, Así el corazón del hombre al otro.

²⁰El sepulcro y la perdición nunca se hartan: Así los ojos del hombre nunca están satisfechos.

²¹El crisol prueba la plata, y la hornaza el oro: Y al hombre la boca del que lo alaba.

²²Aunque majes al necio en un mortero entre granos de trigo á pisón majados, No se quitará de él su necedad.

²³Considera atentamente el aspecto de tus ovejas; Pon tu corazón á tus rebaños:

²⁴Porque las riquezas no son para siempre; ¿Y será la corona para perpetuas generaciones?

²⁵Saldrá la grama, aparecerá la hierba, Y segaránse las hierbas de los montes.

²⁶Los corderos para tus vestidos, Y los cabritos para el precio del campo:

²⁷Y abundancia de leche de las cabras para tu mantenimiento, y para mantenimiento de tu casa, Y para sustento de tus criadas.

## PROVERBIOS 31

*En el corazón de esta mujer hay un carácter piadoso.*
*Aunque pueda ser físicamente encantadora*
*y hermosa, esas cualidades no duran.*
*La clave de su piadosa sabiduría es que teme al Señor.*
*Esta es la aplicación clave de todo el libro de Proverbios.*

¹PALABRAS del rey Lemuel; la profecía con que le enseñó su madre.

²¿Qué, hijo mío? ¿y qué, hijo de mi vientre? ¿Y qué, hijo de mis deseos?

³No des á las mujeres tu fuerza, Ni tus caminos á lo que es para destruir los reyes.

⁴No es de los reyes, oh Lemuel, no es de los reyes beber vino, Ni de los príncipes la cerveza.

⁵No sea que bebiendo olviden la ley, Y perviertan el derecho de todos los hijos afligidos.

⁶Dad la cerveza al desfallecido, Y el vino á los de amargo ánimo:

⁷Beban, y olvídense de su necesidad, Y de su miseria no más se acuerden.

⁸Abre tu boca por el mudo, En el juicio de todos los hijos de muerte.

⁹Abre tu boca, juzga justicia, Y el derecho del pobre y del menesteroso.

¹⁰Mujer fuerte, ¿quién la hallará? Porque su estima sobrepuja largamente á la de piedras preciosas.

¹¹ El corazón de su marido está en ella confiado, Y no tendrá necesidad de despojo.

¹² Darále ella bien y no mal, Todos los días de su vida.

¹³ Buscó lana y lino, Y con voluntad labró de sus manos.

¹⁴ Fué como navío de mercader: Trae su pan de lejos.

¹⁵ Levantóse aun de noche, Y dió comida á su familia, Y ración á sus criadas.

¹⁶ Consideró la heredad, y compróla; Y plantó viña del fruto de sus manos.

¹⁷ Ciñó sus lomos de fortaleza, Y esforzó sus brazos.

¹⁸ Gustó que era buena su granjería: Su candela no se apagó de noche.

¹⁹ Aplicó sus manos al huso, Y sus manos tomaron la rueca.

²⁰ Alargó su mano al pobre, Y extendió sus manos al menesteroso.

²¹ No tendrá temor de la nieve por su familia, Porque toda su familia está vestida de ropas dobles.

²² Ella se hizo tapices; De lino fino y púrpura es su vestido.

²³ Conocido es su marido en las puertas, Cuando se sienta con los ancianos de la tierra.

²⁴ Hizo telas, y vendió; Y dió cintas al mercader.

²⁵ Fortaleza y honor son su vestidura; Y en el día postrero reirá.

²⁶ Abrió su boca con sabiduría: Y la ley de clemencia está en su lengua.

²⁷ Considera los caminos de su casa, Y no come el pan de balde.

²⁸ Levantáronse sus hijos, y llamáronla bienaventurada; Y su marido también la alabó.

²⁹ Muchas mujeres hicieron el bien; Mas tú las sobrepujaste á todas.

³⁰ Engañosa es la gracia, y vana la hermosura: La mujer que teme á Jehová, ésa será alabada.

³¹ Dadle el fruto de sus manos, Y alábenla en las puertas sus hechos.